保カリBOOKS 14

JN293806

まずは絵あそびから始めよう！

3・4・5歳児の

楽しく絵を描く実践ライブ

はじめに

子どもにとって遊びが大切なこと、遊びを通して子どもが育つことは、だれもが知っていることです。その遊びの中で、色や形、モノにかかわる表現活動の遊びが「造形表現の遊び」です。本書ではその中の「絵を描く」といった活動を取り上げ、子どもが楽しく絵を描くための手だてを紹介します。

そもそも子どもにとって「絵を描く」という活動は、楽しい遊びとなるはずのものです。しかし、描くことを怖がったり嫌がったりする、いわゆる「描かない子」「描けない子」がいたりするのが現状です。そんな子どもたちは、まだ描く楽しさを知らないか、もしくは保育者が設定した内容に無理があって楽しめずにいるのではないでしょうか。一人一人の子どもの興味、関心に合わせ、発達の実情に応じた活動を設定することで、「絵を描く」ことは楽しい表現活動になるはずです。

楽しく豊かな表現に向かうためには、活動を子どもに任せきりにするのではなく、保育者が適切な活動内容を設定することも必要になります。その中で、保育者は描く楽しさを引き出すような指導や、子どもの思いに寄り添った援助を行ないます。このことが子どもの自信や意欲を高め、自由感を持ちながらそれぞれに表現を楽しむ力を培うのです。だからこそ、みんな違った表現が生まれてくるのでしょう。「どの子も同じように描く」のではなく、「どの子も自分なりに描く」ことを目標に、心を込めたていねいな保育が展開されることを願っています。

村田　夕紀

CONTENTS

SPRING 春

SUMMER 夏

AUTUMN 秋

WINTER 冬

3・4・5歳児の年間指導計画例

	4月	5月	6月	7月	8月	9月
3歳児	おいしいおやつ P.8 	扇風機 P.101  大型バスに乗って出発! P.11 	お洗濯したよ P.100  焼きそばをつくろう! P.16 オシャレなてるてる坊主さん P.20	ジュースをどうぞ! P.32 シャボン玉とんだ P.28 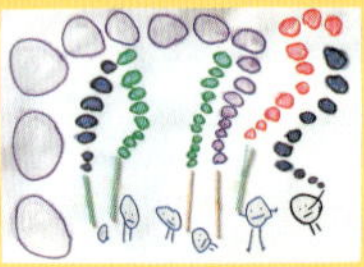 扉を開けたら P.101 		遠足に行こう! P.12  ウサギの家族 P.50 
4歳児	おいしいおやつ P.8 	焼きそばをつくろう! P.16  大型バスに乗って出発! P.11 リュックでお出かけ! P.14 	オシャレなてるてる坊主さん P.20  冷蔵庫 P.100 ジュースをどうぞ! P.32 	おやすみなさーい P.100  シャボン玉とんだ P.28 トントン…こんにちは! おうちの中では P.46		みんなでお出かけ P.48 たぬきのお月見 P.106  ゾウさんも暑いね! P.42 
5歳児	お店屋さん P.10  指人形をつくろう! P.24 	リュックでお出かけ! P.14 ジュースをどうぞ! P.32 色が写ったよ! P.38 	トントン…こんにちは! おうちの中では P.46 虫さんのかくれんぼう P.26 絵はがきを描こう! P.18  オシャレなてるてる坊主さん P.20	シャボン玉とんだ P.28  宇宙にしゅっぱーつ! P.40  ショートケーキがいっぱい P.30 スチレン版画「ロボット」 P.36		打ち上げ花火がきれいだよ! P.34  ゾウさんも暑いね! P.42 透けて見えるよきれいだね! P.44 ウサギの家族 P.50

10月	11月	12月	1月	2月	3月
みんなでお出かけ P.48  玉入れ P.106 	虫さんのかくれんぼう P.26  コラージュ版画 P.111 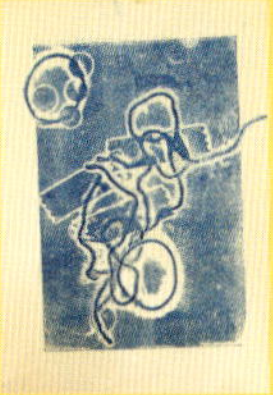	サンタクロースの国では…… P.72  トントン…こんにちは! おうちの中では P.46 	雪だるまとお友達 P.80  スチレン版画 P.111 	ペロペロキャンディ P.33  鬼 P.104 	指人形をつくろう! P.24 トンネルいっぱい! みんなでお絵かき P.22 
人物を描こう! P.52 コラージュ版画「ライオン」 P.62  ウサギの家族 P.50	虫さんのかくれんぼう P.26 大きな木 P.56 つくって はって 描いて P.60 にんじんのおうち P.104 	サンタクロースの国では…… P.72  ケーキで、パーティ! P.76 	雪だるまとお友達 P.80  動物マンション P.54 	強い鬼さん、優しい鬼さん、かわいい鬼さん P.82 コンテのフワフワウサギ P.74  紙版画をつくろう「鬼」 P.84	絵本をつくろう! P.70 トンネルいっぱい! みんなでお絵かき P.22 
遠足に行こう! P.12 つくって はって 描いて P.60  人物を描こう! P.52	大きな木 P.56 機関車に乗って しゅっぱ〜つ! P.64  コラージュ版画「ライオン」 P.62 忍者の絵巻物 P.58	サンタクロースの国では…… P.72 ケーキで、パーティ! P.76 ポップアップカードを つくろう P.68 	コンテの フワフワウサギ P.74 絵本をつくろう! P.70  宇宙へ だいぼうけん! P.78	紙版画をつくろう「鬼」 P.84 きれいなお花が 咲いたよ P.88  スクラッチカードを つくろう! P.66	思い出 P.49 お顔の色をつくろう P.86 

本書の特長と見方

本書では

子どもが楽しんで描いた実践例とそれを支える保育者のための知識を紹介しています。

特長1 豊富な実践例

前半の「実践ライブ」では、指導や援助の方法をわかりやすく伝えるために、たくさんの写真を掲載しています。ていねいな保育が展開できるように、具体的なヒントやコツ、活動のポイントがいっぱいです。

導入のことばがけ例

子どもとのやりとりの中で進められる導入の一例が具体的に示されています。大切なことばがけには波線を引いて、そのことばがけの役割も記しています。実際には目の前の子どもたちと言葉のキャッチボールを楽しみながら、臨機応変に自分自身の言葉で話すようにしましょう。

活動のPOINT

実践での注意点などを、ていねいに解説しています。

子どもらしいしぜんな作品

かわいい作品も満載。一人一人の子どものつぶやきに思いを感じながら見てみましょう。

活動の流れ

できるだけシンプルにまとめています。写真やイラストを使うことで、ひと目でわかるようになっています。

アレンジや展開例も

活動のアレンジや展開例も紹介しています。

特長2 実践をより深く理解するために

後半には、保育者が実践するために必要な、実用的知識をまとめて掲載しています。ここでもイラストを使ったり、子どもの作品などを写真で示したりして具体的にわかりやすく解説しています。特に「絵あそび」では、「実践ライブ」で紹介できなかった活動も加わって盛りだくさんになっています。実践を指導・援助する前に読んでおくといいですね。

本書の見方

前半の実践例と後半の実用的知識を照らし合わせて見ることで、理解がいっそう深まります。参考になるページを両方に示してあるので、どちらからでも関連するページにたどり着けます。理解を深め自信をつけたら、オリジナルな実践にも挑戦してみましょう。

まずは、実践ライブを参考に取り組んでみましょう。 ＋ 実践に必要な保育者のための知識を読んで、理解を深めましょう。 → 今度は、自分なりに工夫をして、オリジナルな実践にチャレンジ！

実践ライブ

春夏秋冬

子どもたちが楽しんで描いた実践例を、
春夏秋冬41例紹介します。
写真がいっぱいの実践ライブをヒントに、
子どもたちと一緒に絵を描くことを楽しんでください。

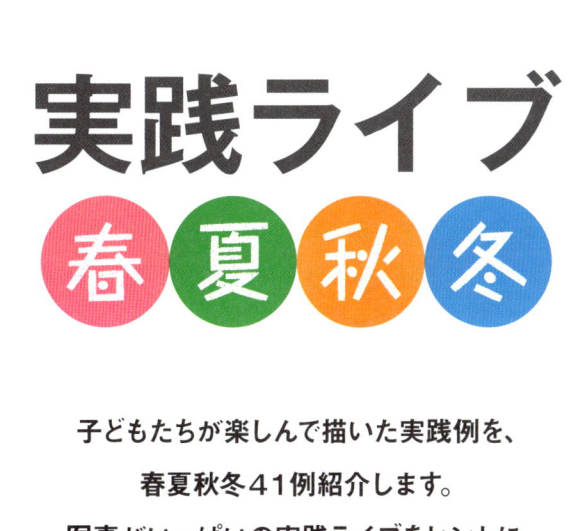

SPRING

春　おいしいおやつ

子どもたちが大好きな「おやつ」をテーマにすることで、楽しんで取り組むきっかけとなります。四角い画用紙に少し手を加え、形を変えるだけで、ずいぶん楽しくなりますね。

用意するもの

- クレヨンまたはパス
- 瓶や袋に見立てた画用紙

導入のことばがけ例

子どもが描き出す！ ヒントとコツ

▶おやつが入るこんな袋（瓶）を用意したよ。何を入れたい？

▶みんなどんなおやつが好きかな？

→興味・関心を誘う

クッキー　チョコレート

ドーナツ　キャンディ…

▶わあ、先生も大好きなものばかり！

あとは、イチゴとバナナも入れたいな。

リンゴも。

アイスクリームも。

ケーキも、おだんごも。

▶じゃあ、お友達にもあげられるように、ここにいっぱい描いてみようか？

うん、せんせいにもあげるね！

▶ありがとう。後で、食べに行くからね。

▶ていねいにしっかりぬるとおいしくなるよ。

→パスの使い方を伝える

START

1 パスやクレヨンで描く

袋や瓶に見立てた画用紙におやつを描いていきます。

活動のPoint　★パスやクレヨンの基本的な使い方についても、この時期に身につけておきたいものです。握って持つのではなく、鉛筆を持つのと同じように持ちます。

★色や形の間違いなどを指摘するのではなく、子どもの思いに寄り添いましょう。

3歳児は…

丸をキャンディに見立てて描くだけでもいいですね。早くから形を求めじょうずに描かせようとするのではなく、「お絵かき大好き！」な子どもになってくれることを願い、ゆったりと見守りましょう。

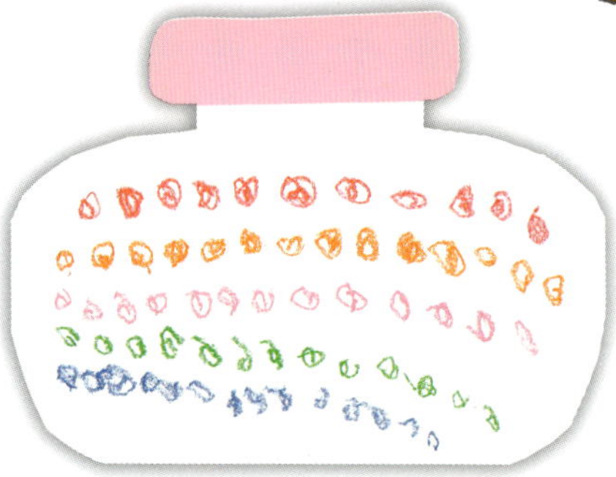

パスを持つ手は弱々しいのですが、とても穏やかに、ひとつずつていねいに、キャンディを描いています。

15～20cm程度の小さい画用紙を用意しました。1枚ずつ色を変え、何枚も繰り返しキャンディを描いています。

4・5歳児

だいすきなペロペロキャンディがいっぱい!

みんなでたべるおやつがいっぱい!

「おいしくな〜れ!」と言いながら、パスでぬっていきました。

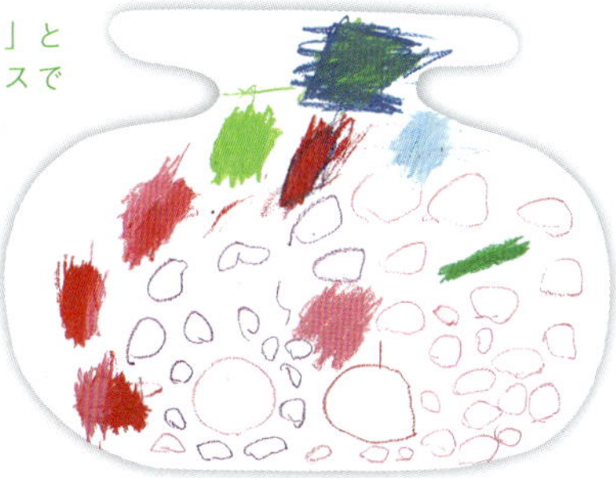

ドーナツもイチゴもだ〜いすき。

ぼく5さいになったよ! ケーキにろうそくも5ほんたてて、おかしもいっぱいよういして……。おたんじょうかいだ!

みかんがとってもあまくなったから、たべにきてね。

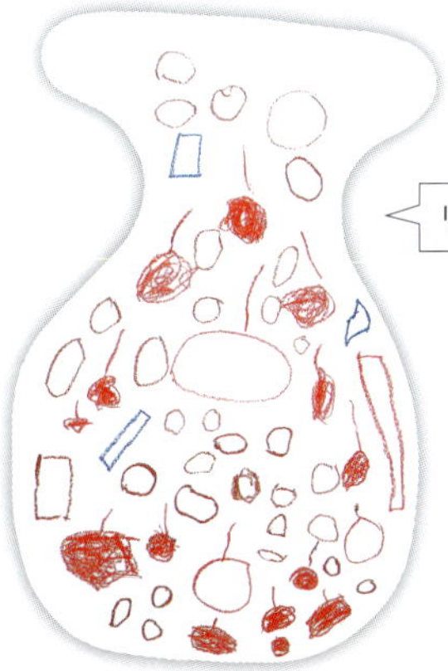

リンゴがいっぱい!

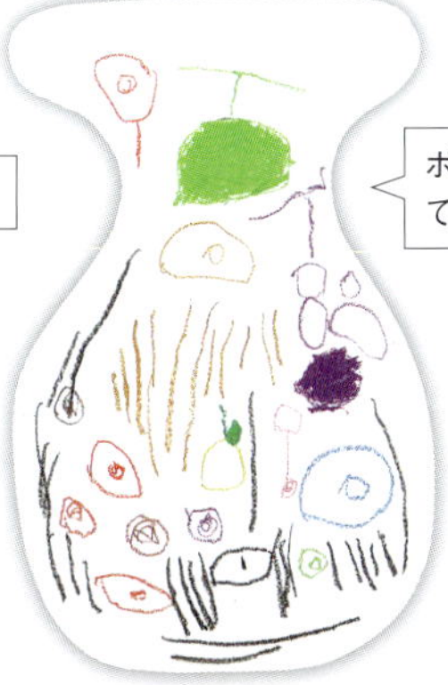

ポッキーもはいっているよ。

SPRING

春 お店屋さん

子どもたちは「お店屋さんごっこ」が大好きです。ポケットの付いたお店屋さんをきっかけに、小さい紙に繰り返し描くことを楽しみます。

用意するもの

- お店屋さん…模造紙に看板やポケットを付けておく。
- カード状の画用紙
  （ハガキ程度かその半分くらいの大きさ）
- フェルトペン

〈ポケットのつくり方〉

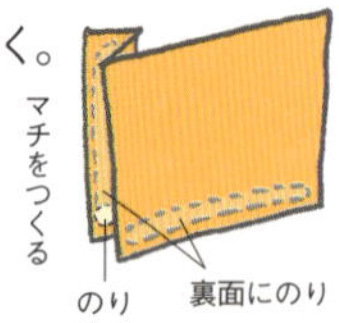

活動のPoint ★画用紙は繰り返し楽しめるよう、十分な枚数を用意しておきますが、一度にたくさん出すのではなく足りなくなったら補充しましょう。
★一方的な導入にならないよう子どもとのやりとりを楽しみましょう。

導入のことばがけ例

子どもが描き出す！ **ヒントとコツ**

（保育室の壁などに「お店屋さん」をはっておく）

▶きょうは、こんなポケットの付いたお店屋さんを用意したよ。

▶このポケットに売っているものを入れていこうと思うんだけど、何がいいかなあ？
→発想を引き出す

おもちゃ

イチゴ

リンゴ

おようふく

くるま

▶わ〜、いろんなものが売っていると楽しいね！

うん。ここはおもちゃやさんで、このしたはくだものやさん、それからここは…

▶じゃあ、このカードに売っている品物を描いて、お店のポケットに入れていこうね！
→活動の内容や流れを伝える

▶何枚でも描けるように、たくさん紙を用意しておくね。

START 1 カードに絵を描く

お店屋さんに売っている品物を、ペンで描きます。

活動のPoint
★描くことが苦手な子どもがいたら、最初は友達のまねから始めてもいいです。少しでも違うところがあれば、褒めてあげましょう。

2 ポケットに入れる

品物を描いたカードを、お店屋さんの棚に見立てたポケットに入れます。

活動のPoint
★ひとつのポケットの中にいろいろな品物が入ってもOKです。また、本物そっくりに描くことを求めたり間違い探しをしたりするのではなく、楽しく描けるような雰囲気づくりを心がけましょう。

3 繰り返し活動を楽しむ

描いてはお店屋さんのポケットに入れてという活動を繰り返します。

活動のPoint
★同じものを繰り返し描く子、いろいろなものをどんどん描いていく子など、さまざまです。ひとり当たりの枚数など決めず、自分なりのペースで繰り返し活動が楽しめるようにしましょう。

展開例

その1 「街づくり」

床に画用紙で道をつなげ、通行人や信号、乗り物などを直接描いたり、カードに描いたものを立ててはったりして、街にしていきます。

その2 「おかいものごっこ」

おさいふやお金、カバンなどをつくって、おかいものごっこへ展開させても楽しいです。

アレンジ 大型バスに乗って出発！（3歳児）

描いたものが見えやすいよう透明シートを使い、
カラービニールテープではってポケットをつくりました。

SPRING

春 遠足に行こう!

子どもたちがワクワクドキドキ…楽しみにしている遠足。バスや電車をつくってお友達をいっぱい乗せて出発です!

用意するもの

- **白画用紙**（ハツ切の半分サイズ、ひとり５枚程度）
- **色画用紙**（一辺約５～10cmの正方形、ひとり10枚程度）
  ※カラフルにいろいろな色を使うと、楽しい雰囲気になります。
- **パスまたはクレヨン**　**のり**　**手ふき**　**ハサミ**

活動のPoint　★つなぐことが楽しくなると、画用紙がたくさん必要になります。多めに用意しておきましょう。
★ハサミの使い方やのり付けなどの基本は、しっかり指導しましょう。
★子どもたちからいろいろなアイディアが出てくることで、楽しい展開となります。ひとりひとりの思いや工夫を受け止めるよう、心がけましょう。

導入のことばがけ例　子どもが描き出す！ ヒントとコツ

▶みんなが楽しみにしている遠足、もうすぐだね。

うん！　バスにのっていくんだよね！

▶じゃあ、バスをつくって、みんなが乗っているところを描こう！
（バスのつくり方①②を話す）
→活動の内容や流れを伝える

▶白い紙を上につなぐと２階建てのバスもできるし、横につなげれば長いバスもできるよ！
→発想を引き出す

いっぱいつないででんしゃにしよう！

タイヤもいっぱいつけると、きっとはやくはしるよ。

わたしは、３かいだて！　にもつをのせるところと、ごはんをたべるところをつくるんだ！

▶バスや電車ができたら、友達をいっぱい描いてね。

START

1 タイヤの形に切る

画用紙を丸く切って、タイヤをつくります。３歳児は保育者が丸く切って用意してもいいですね。

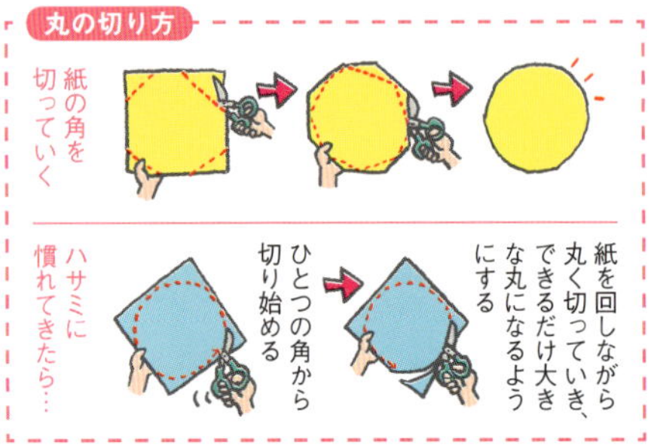

丸の切り方
紙の角を切っていく
ハサミに慣れてきたら…
ひとつの角から切り始める
紙を回しながら丸く切っていき、できるだけ大きな丸になるようにする

2 のりではって バスや電車をつくる

画用紙の組み合わせを楽しみながらつくりましょう。ひとさし指または中指で、のりを少量取り、重なる部分だけにのりを伸ばしてはります。手をふくぬれタオルも用意しておきましょう。

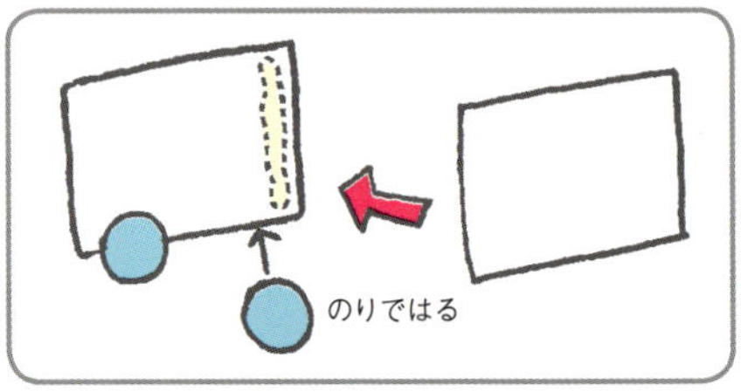

のりではる

3 描く

電車やバスができ上がると、パスやクレヨンを使って中のようすを描いていきます。

3歳児は…

タイヤをはった画用紙を保育者が用意しました。

▶四角い窓の中に人物を描いています。

▶バスの形を描き、中のようすも表しています。（レントゲン表現P.97「幼児画の特徴」を参照）

▶画用紙全体をバスに見立てています。

4・5歳児

おおがたバスになったよ！

タイヤをいっぱいはって楽しそうです。

タイヤの色と、中に描いている人物の色をそろえ、人数もひとりずつ増えています。

でんしゃにのってみんなでおでかけ！
にもつものせて…。ジュースものめるんだよ！

友達と一緒に

ひとりでじっくり取り組むことも大切ですが、友達とつないで一緒に活動するのも楽しいですね。ふざけ合ったり、ほかの子どもたちのじゃまをしたりしないよう、つくったり描いたりすることの楽しさが十分に味わえるような配慮を心がけましょう。

友達の絵をじっと見たり、ふたりで話し合ったり、ひとりでじっくり描いたり……。互いの存在がプラスに働き、いい関係が育っています。

おともだちやせんせいものって……。
くだものやおやつもいっぱい。

友達とふたりでつくった電車です。

SPRING

春 リュックでお出かけ!

リュックをきっかけに、描くことを楽しみます。リュックの基本形は保育者がつくっておきましょう。つくったリュックを使って、遠足ごっこなど楽しい遊びに発展するといいですね。

用意するもの

●リュック…保育者が事前につくっておく。

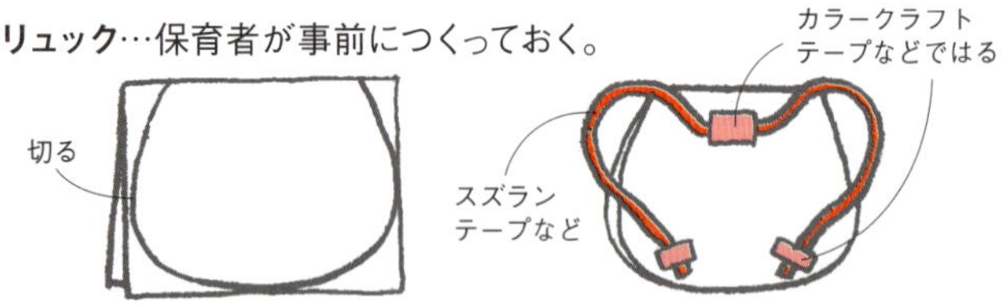

①四ツ切画用紙を半分に折り、リュックの形に切る。

②背中に子どもが実際に背負える長さのひもをはる。

●パスまたはフェルトペン

導入のことばがけ例 子どもが描き出す! ヒントとコツ

(リュックを見せながら)

▶今日は、みんなにリュックを用意したよ。

→興味・関心を誘う

▶このリュックを持って、お散歩に出かけようと思います。

(リュックを開いて…)

▶何を入れていこうかなあ?

→発想を引き出す

おべんとう!

すいとう!

おやつ!

ウサギさんやキンギョも。つれていっていいかなあ。

▶もちろん! きっと喜ぶよ。

▶じゃあ、パスで描こうね!

▶リュックの中が描けたら、リュックの表もすてきに飾ろうね。

→活動の内容や流れを伝える

START

1 リュックの中に描く

リュックを開いて、パスかペンで描いていきます。

2 リュックの表を飾る

リュックの表にも絵や模様を描きます。

5歳児は…

耳や目、ポケットなどを付けて動物リュックをつくります。

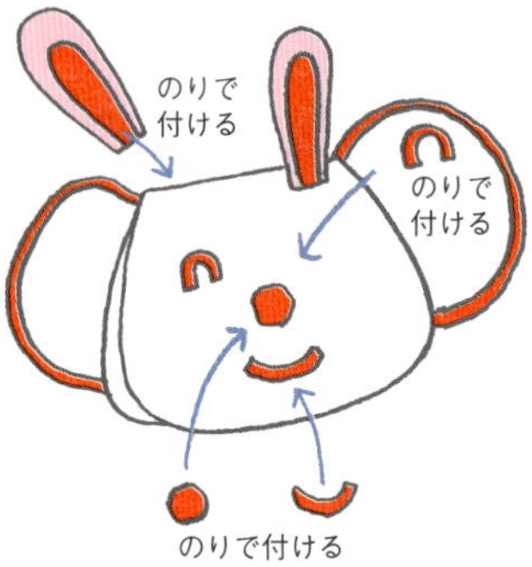

リュックを背負って、みんなでお出かけです。

到着! リュックを開けてお弁当を食べているつもりです。「いただきま～す」

活動のPoint ★一方的な導入にならないよう、「リュックの中に何を入れていこうか」「どこにお出かけしようか」など、子どもとのやりとりを楽しみながら進めましょう。「おべんとう」「すいとう」「おやつ」などのほかにも、「だいじなおもちゃもいれて…」「ウサギやキンギョもつれていこう」…などいろいろなお話が出てくると楽しいですね。子どもの思いやささやきを優しく受け止めましょう。

3・4歳児

リュックの表は

ウサギさんリュック

ウサギやキンギョも
いれていこうっと!

ゾウさんリュック

5歳児

リュックの中には

いいてんきだね。
きょうはどこにいくのかな~。

フルーツもいっぱい
もっていくんだ!

おおきなおにぎりも
いれて…。

SPRING

春 焼そばをつくろう!

子どもたちにとって身近な食べ物をテーマにしました。画用紙の形をちょっと工夫することで、とても楽しい絵あそびになります。また、パスなどの描画材料にも慣れ親しむことができます。

用意するもの

- パス
- 鉄板やフライパンやお皿に見立てた画用紙
- ソース色の絵の具

活動のPoint ★子どもとのやりとりを楽しみながら実際に描いて見せる導入をしてもいいでしょう。しかし、じょうずなお手本を示すことが目的ではありません。ていねいに線を引いたり、色をぬったりしながら、子どもが「自分にもできる！」と安心して取り組めるような導入になるよう心がけましょう。

導入のことばがけ例　子どもが描き出す！ ヒントとコツ

▶おいしい焼きそばが焼ける鉄板を用意したよ。
（鉄板の画用紙を見せる）
▶どんな具を入れようか？
→興味・関心を誘う

おにく！　キャベツ
イカ　もやし　えび
しょうが　ピーマン　のり
ニンジン　たまご

▶わあ、具だくさんでおいしそうだ！

せんせい、おそばをわすれているよ。

▶本当だ！　おそばも忘れないでね。

みんなでたべられるように、おおもりにしよう！

▶じゃあ、鉄板をもらったお友達から、パスでおいしい焼きそばを描いてね。
▶できたら絵の具のソースをかけようね。
→活動の内容や流れを伝える

START

1 パスで焼きそばを描く

具を先に描き、その間を巡らせながら、おそばをていねいに描いています。

ぐるぐる……。「おそばがいっぱい！」この子は、おそばから描き始めました。

色の概念にこだわらず、のびのびと描いています。赤いそばでもいっこうにかまいません。

活動のPoint ★形をじょうずに描かせようとするのではなく、つもりになって楽しく描けるような雰囲気づくりが大切です。一人一人の思いや表し方を受け止め、共感しましょう。

2 絵の具でソースをかける

パスで描いた具の上に、絵の具のソースをていねいにぬっています。

全面に絵の具をぬっていきました。

活動のPoint ★絵の具を使用する場合、ポタポタ垂れないようにカップの縁で筆をゴシゴシして、余分な絵の具を落とすように伝えましょう。
（P.104「筆を使うときのお約束」参照）

3 お皿にも描く

お皿に見立てた小さい画用紙にも焼きそばを描きます。

活動のPoint ★鉄板に見立てた画用紙にパスで描くだけでもいいですが、ソースに見立てた絵の具や、お皿に見立てた小さな画用紙を出すことで、より楽しい雰囲気になります。クラス全体のようすを考慮し、活動内容を決めていきましょう。

パスと絵の具で 4・5歳児

パスで焼きそばを描いて、絵の具でソースをかけて…と、何度も繰り返して描いていきました。

パスで描いた上ではなく、空いたスペースに絵の具をぬっています。

パスで描いた上にていねいに絵の具のソースを乗せています。

焼きそばを食べにきたお友達を描く子どもも! 楽しいですね。

パスだけで 3・4歳児

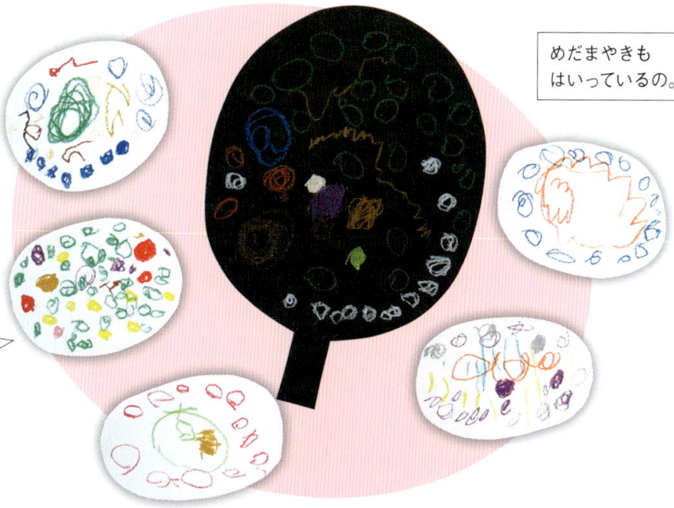

おいしいおやさい いっぱい!

黒い画用紙でフライパンに見立てました。

めだまやきも はいっているの。

SPRING

春 絵はがきを描こう!

家族や友達に絵はがきを描いて遊びます。自分の思いや伝えたいことを絵に表す楽しさに気づいてくれることでしょう。切手やポストも用意することで、そのつもりになって楽しく描くことができますね。

用意するもの

- はがきサイズの白画用紙
- フェルトペン　●のり
- 切手…紙に描いてコピーし、ピンキングバサミで切っておく。
- ポスト…段ボール箱で作っておく。

※裏側に取り出し口を作っておきましょう。

導入のことばがけ例　子どもが描き出す! ヒントとコツ

（保育室にポストを用意しておく）

▶郵便ポストがあるね。

（中からはがきを取り出し、見せながら）

▶だれかにお手紙描いてみようか。

▶だれに描こう？

→興味・関心を誘う

ぼく、おばあちゃんにかく！

おともだちにも！

▶みんな、文字で書く手紙じゃなくて、お絵かきで伝える絵はがきっていうのがあるんだよ。

▶表に受け取る人を描いて、裏に伝えたいことを描こうね。

じゃあ、おじいちゃんにサッカーしたことをおしえてあげよう！

だいすきなおともだちにも！

（①～④を伝える）

→活動の内容や流れを伝える

▶じゃあ　やってみよう！

START

1 はがきに絵を描く

はがきの表面に受け取る人の絵を描き、裏面には伝えたい内容を描きます。

2 切手をはる

切手にのりを付けてはります。

3 ポストに入れる

4 繰り返し活動を楽しむ

活動のPoint ★“はがきに描く”“切手をはる”“ポストに入れる”といった活動を繰り返し楽しむ中で、「もういちまいっ！」「こんどはだれにかこう…」と意欲的に活動を楽しめるような配慮が必要です。子どもの活動の流れや動線を考えた環境構成を工夫しましょう。

おじいちゃんへ

表

裏

サッカーだいすき！

えんそくでどうぶつえんにいったよ！

せんせいへ

表

裏

リンゴとサクランボがコロコロ…おちてきたの。

おはなにおみずをあげたよ。

でんしゃでおでかけ。

プレゼントがはいってるの！

ママといっしょににじをみたの。

表

大好きなパパとママへ

裏

みんなでホテルにとまってたのしかったよ！

ないしょのおてがみ。

切手をいっぱいはって、「早く届きますように！」

活動のPoint　★プレゼントを包んだり、ないしょのお手紙をつくったり、封書にしてしまうこともあります。また、切手をたくさんはったり、裏にまではったりする姿も見られます。楽しく活動していることの表れと考えてもいいでしょう。小さな間違いをとがめるよりも、生き生きとした活動となるように配慮しましょう。

SPRING

春 オシャレな てるてる坊主さん

雨が続く梅雨の時期には、室内で過ごすことが多くなります。絵を描いたり物をつくったりといった造形活動をうまく取り入れ、楽しく過ごせるようにしましょう。

用意するもの

- **パスまたはクレヨン**…活動が始まる前に、クレヨンの箱のフタに赤、青、緑、紫の４色を入れ、２段に重ねておく。
- **白画用紙**（四ツ切）
- **絵の具**…クレヨンやパスがはじくよう水で薄めておく。
- **てるてる坊主**（導入用）

導入のことばがけ例　子どもが描き出す！ヒントとコツ

▶雨がやんでくれるように、てるてる坊主を持ってきたよ。
▶ちょっとおしゃれをさせてあげようと思うんだけど…。
▶かわいいお洋服を着せてあげたらどうかな。
→発想を引き出す

リボンもつけてあげたい。
きれいないろのおようふくをきせてあげようよ。

▶そうだね！
ポケットやボタンを付けてもいいね。

かわいいもようのおようふくもいいな。

▶みんな、クレヨンの箱は、２段ベッドになってるかな。
▶今日は、フタの中に入れた赤、青、緑、紫の４つの色を使って描き始めようね。
→使用する描画材料を伝える

ピンクやきいろもつかいたいな。

▶じゃあ、まずはフタの中に入ってる色でしっかり描いたりぬったりしてから、ほかの色も使っていくことにしようね。
→活動の内容や流れを伝える

START

1 4色のパスやクレヨンで描く

白画用紙によく映える色として、まずは赤・青・緑・紫の４色に限定して描いています。

活動のPoint ★なかなか描き出せない子どもには、てるてる坊主を使って話しかけるなど、具体的なイメージが持てるようなかかわりを心がけましょう。

2 4色以外も使って

子どもの使いたい色、必要な色が出てきたら、箱から出して使うように伝えましょう。

3 絵の具を使って

4・5歳児

ぬりつぶしてしまうなど、絵の具の感触遊びにならないようにていねいに描いたりぬったりするよう言葉をかけましょう。

活動のPoint ★雨の降るようすや雨の音など、自然事象から感じ取れるものがたくさんあります。また、雨上がりの水たまりは子どもにとって最高の遊び場となります。梅雨の時期の体験が、表現活動の中に生かされるといいですね。
★導入では、てるてる坊主をきっかけに一人一人が自分なりにイメージを広げ、楽しく描けるような雰囲気づくりを心がけましょう。

クレヨン（パス）だけで

3・4歳児

てるてるぼうずがかさをさして、「あしたはれにしてください」っておねがいにいくところ！

てるてるぼうずとながぐつが、みんなといっしょにえんそくにいったよ。

てるてるぼうずたちが、はれになってそとであそんでいるよ。おはながさいて、にじもでて、とってもたのしそう。

かみなりさんがそらからおちてきて、てるてるぼうずといっしょにあそんでいるの。

クレヨン（パス）と絵の具で

4・5歳児

とってもオシャレなてるてるぼうず！みずたまりがいっぱいできたよ。あおいてんてんはおとこのこのあしあと、あかはおんなのこのあしあと！

雨をパスで描き、その上から絵の具でなぞっています。

そとはあめだけど、てるてるぼうずのいえのなかはおてんき！

筆の先を使い、細かな雨を絵の具で表現しています。

はれだけど、あめのひ。

パスで描いたりぬったりした後で、ていねいに絵の具を使っていきました。

てるてるぼうずのかぞく。

トンネルいっぱい！みんなでお絵かき

トンネルづくりをきっかけに、友達とイメージを共有しながら協同の活動を楽しみます。話し合ったり互いに影響し合ったりすることで、表現の幅が広がるといいですね。

用意するもの

- 模造紙
- 細く切った画用紙…トンネルをつくる。
- カードサイズの画用紙…描いて立てる。
- のり　●ハサミ　●フェルトペンまたはクレヨン、パス

活動のPoint ★“のりしろ”という言葉を知り、その働きを理解することで、子どもたちは自分なりに工夫してそれを活用し始めます。キーワードとなる言葉があることで、指導したり活動の展開を援助したりしやすくなります。

導入のことばがけ例　子どもが描き出す！ヒントとコツ

（細長い紙の両端を少し折り、模造紙の上でトンネルをつくって見せる）
→興味・関心を誘う

わ～！トンネルだ！

▶そう！　今日は、トンネルをつくってから、お絵かきをしようと思います。

▶まずは、この細長い画用紙の両端を折って、のりを付けて模造紙の上にはります。

（画用紙を階段状に折りながら）

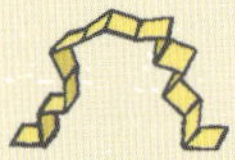

▶ギザギザ…

ギザギザトンネルだ！

トンネルにのぼっていくかいだんにもなるよ！

▶トンネルができたら、ペンを使って、みんなでお絵かきしていこうね。
→活動の内容や流れを伝える

▶カードに描いてのりしろを折ると、立てることができるよ。もちろん模造紙に直接描いてもいいよ。

START

1 トンネルをつくる

細長い画用紙の両端を折って“のりしろ”をつくり、アーチ状にして模造紙にはります。階段状に折ったものなども同様に両端にのりを付けてはります。

2 フェルトペンで描く

トンネルをきっかけにイメージを膨らませ、フェルトペンで描いていきます。子ども同士イメージを共有したり話し合ったりしながら、楽しく描けるようにしましょう。

3 つくったり描いたり

画用紙でトンネルなどをつくったり、ペンで描いたりを繰り返しながら、活動を展開していきます。

ペンで描いた線路の上にトンネルをつくっていきました。

また、ペンを使って描き始め、描いたりつくったりを繰り返していきました。

みんなのまちができたよ。

模造紙をつなぎ合わせて、グループに分かれた活動から全体の活動へと展開していきました。

トンネルにのぼっていくかいだん！
あしあとがついてるの。

すべりだいをすべってるの。

画用紙に人物を描き、のりしろを折ってはっています。

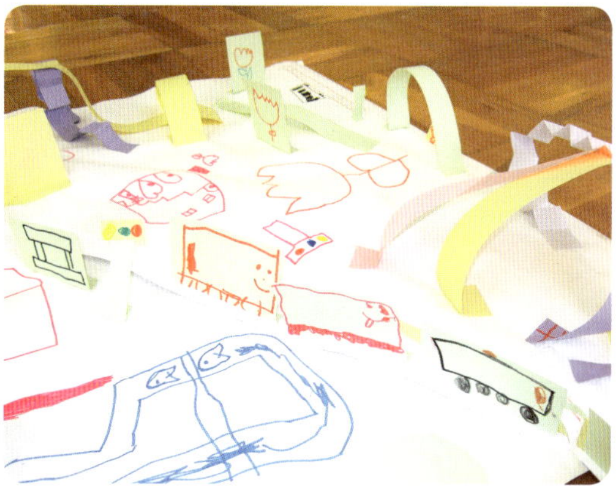

でんしゃにのってしゅっぱつ！

画用紙に電車やチューリップ、信号などを描いて、立てています。

展開例

建物と組み合わせて

紙を折って四角柱をつくり、建物をつくっています。高く積み上げれば高層ビルディングに……。

トンネルをつけて…。

そ〜っとつみかさねて
…たかくなぁれ！

建て物のつくり方

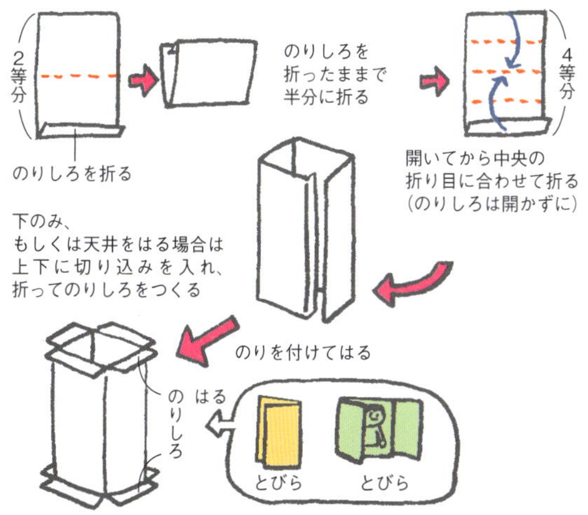
2等分
のりしろを折る
のりしろを
折ったままで
半分に折る
4等分
開いてから中央の
折り目に合わせて折る
（のりしろは開かずに）
下のみ、
もしくは天井をはる場合は
上下に切り込みを入れ、
折ってのりしろをつくる
のりを付けてはる
のりしろ
はる
とびら
とびら

SPRING

春 指人形をつくろう!

小さな紙に描いた絵をハサミで切り取り、丸めた輪をはって指人形のでき上がり! 描いたり、つくったり、遊んだりと、楽しい活動の中で友達や保育者との会話も弾みます。

用意するもの

- **白画用紙**・描くための紙（約7cm×9cm）
  - ・輪をつくる紙（約3cm×7cm）
- **フェルトペン**
- **ハサミ**
- **のり**
- **手ふき**

活動のPoint ★つくったもので遊ぶという活動を通して、保育者や友達との会話が弾みます。まずは保育者がいっしょに遊ぶことで、楽しい雰囲気をつくりましょう。そして子ども同士かかわって遊べるよう、子どもと子どもをつなぐ役割をするように心がけましょう。

導入のことばがけ例　子どもが描き出す! ヒントとコツ

（つくった指人形をはめて）
▶みなさん、こんにちは〜。
▶ひかり組の新しいお友達のしんちゃんとウサギのゆきちゃんです。
▶ぼくたちふたりだけだから、みんな指人形のお友達をつくってくれるかな。
→興味・関心を誘う

うん、いっぱいつくってあげるよ！

▶どんなお友達をつくってくれるかなあ？

ウサギ　ライオン
かわいいおんなのこ
おもちゃもほしいね。
おやつもつくってあげよう。

▶じゃあ、指人形のつくり方をお話するからしっかり聞いてね。
（①〜④の内容を伝える）
→活動の内容や流れを伝える

START

1 描く

動物や人物などをフェルトペンで描いていきます。

ライオンのゆびにんぎょうをつくるんだ！

2 切る

描いた紙の周りをハサミで切っていきます。線の上を切るのではなく、余白を残しながら切りましょう。

3 輪をつくる

紙を丸めてのりではり、指にはめる輪をつくります。ペンなどに巻いて丸みをつけておくと、のり付けがしやすくなりますね。

ひとさし指を輪の中に入れ、指で挟み、「1、2、3……」10 数えるまでしっかり押さえています。

4 輪をはる

描いた絵の裏側に、のりで輪をはります。

輪の中に指を入れて押さえ、きちんとはり付けます。

活動のPoint ★のり付けをしてすぐに触ると、外れてしまいます。のりが乾くまで待つように言葉をかけましょう。慌てずじっくり取り組めるようなかかわりが必要です。3歳児の場合、保育者が付けてあげるといいですね。のり付けが難しい場合は、セロハンテープを使用してもいいです。

5 指にはめて遊ぶ

保育者と一緒に。とても穏やかに会話を楽しんでいます。

5本の指に入れて…。

「こんにちは!」指を動かしながらお話してくれました。

「ねえねえ、あそぼうよ〜!」子ども同士のやりとりも。

みんなちがって みんないい作品 子どものつぶやきがいっぱい!!

ライオンとウサギ。ふたりはとってもなかよしだからどこにいくのもいっしょ。

ライオンさんとリンゴ。

フルーツもどうぞ!

これは、でんしゃにもジュースにもなるんだよ。

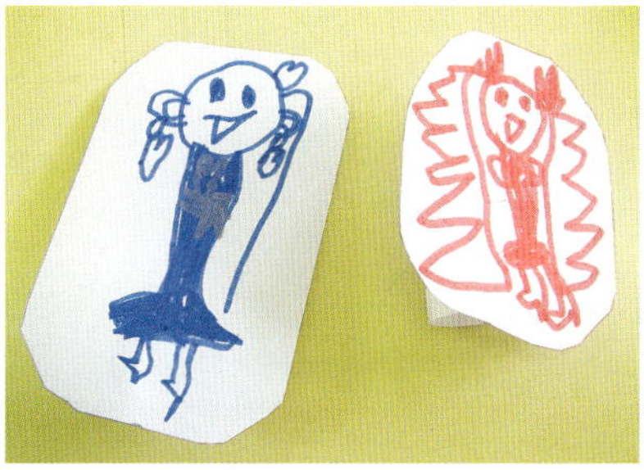

かわいいおんなのこだよ。

ウサギさん。どこかにジュースがないかなってさがしにいってるの。

おうちに、みんなかえってきま〜す。

おはなみしてるんだ。

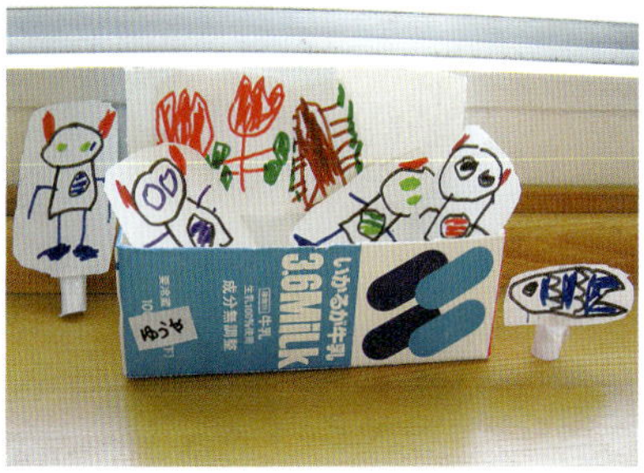

牛乳パックをおうちに見立てて、指人形を出し入れしながら遊びました。

SPRING

春 虫さんのかくれんぼう

葉っぱに付いている虫や、石の下にいる虫を見つけては大喜びの子どもたち。そんな日常生活の中での興味・関心をもとに、葉っぱのしかけを通してイメージを広げ描くことを楽しみます。

用意するもの

- **色画用紙**…切って葉っぱをつくる。
- **白画用紙**（ハツ切または四ツ切）
- **ハサミ**　**のり**　**手ふき**
- **フェルトペン**（黒）

活動のPoint ★身近な環境に親しみ、生活の中でイメージを豊かにし、それらをもとにした表現活動が展開できるようにしましょう。

導入のことばがけ例　子どもが描き出す！ヒントとコツ

（葉っぱをはった画用紙を見せながら）

▶この葉っぱの下には、何が隠れているかな？

└→興味・関心を誘う

ダンゴムシ！

ケムシ！

はっぱをひろったら、アリさんがかくれてたよ！

▶きっと、みんなに見つからないように、アリの巣につながる入り口を隠していたのかもね。

ないしょで、おかしをはこんでいたのかも…？

▶じゃあ、葉っぱの上にはどんな虫がいるかな？

アオムシ！

▶アオムシが葉っぱを食べたら、穴があくね。

アオムシはチョウチョウになるんだよ。

▶チョウチョウも葉っぱに止まらせてあげよう。

▶じゃあ、ペンで描いてみようね。

└→活動の内容を伝える

▶ゆっくり、ていねいにね。

START

1 葉っぱのしかけを楽しみながら描く

葉っぱを開けて中に描いたり、閉じて上に描いたり、開け閉めを楽しみながら描き始めます。

3・4歳児は…

葉っぱをはった白画用紙を用意し、子どもたちはその葉っぱをきっかけに描くことを楽しむ。（ハツ切）

4・5歳児は…

葉っぱは保育者が切って用意しておき、子どもたちは白画用紙に葉っぱをはってから描くことを楽しむ。（ハツ切または四ツ切）

5歳児は…

子どもたちが自分で葉っぱを切り、白画用紙にはってからペンで描く。（ハツ切または四ツ切）

活動のPoint ★描くことへの興味や表現する力、発達状況などを考慮し、子どもたちが無理なく楽しめる内容となるように心がけましょう。

はっぱのうえにダンゴムシやケムシがのってるの。

葉っぱを開けたり閉めたり……。

せんせい、あのね……。アオムシがはっぱをたべてあながあいているの。

2 お友達や保育者とお話しながら

友達の絵を見たり、会話を楽しんだりしながら描き進めていきます。

活動のPoint ★葉っぱのしかけに興味を持ち、描き始めるきっかけとなることで、楽しい描画活動が展開し、描くことへの意欲が高められるといいですね。

ムシのおうちに
「トントン…こんにちは!」

葉っぱを開けると

はっぱのしたにはアリ
さんのおうちがあるの。

カブトムシとク
ワガタがはっぱ
のうえでけんか
しているよ。

3
歳児

「ばぁ〜」はっぱをあけると
ムシさんがいたよ。

葉っぱを開けると

アオムシさんがはっぱを
たべてるの。

あながあいてアオムシさんと
アリさんがごっつんこ!

にんじゃがムシをさがしているん
だ。はっぱのしたにはダンゴム
シとアリさんがかくれているよ。

5
歳児

アレンジ

秋バージョン

線路でつながって
います。

クワガタやカブトムシ
がかくれんぼ。

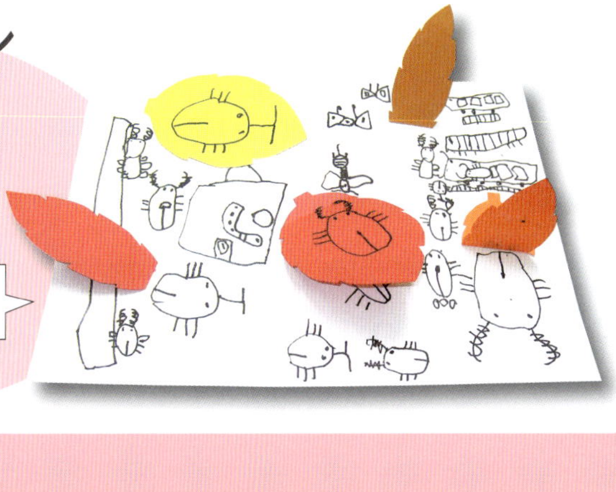

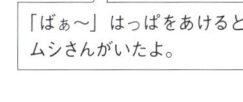

SPRING

春 シャボン玉とんだ

水性フェルトペンで描いた線に水をつけてにじませる技法遊びを通し、描く活動を楽しみます。シャボン玉を吹いて遊んだり、歌をうたったり、体で表現したりと、総合的な活動につながりやすいテーマです。

用意するもの

- 水性フェルトペン
- 白画用紙　● 筆　● 水
- 水入れ…水入れは、牛乳パックなどを使ってひとりずつ用意してもよい。

活動のPoint ★油性や耐水性のフェルトペンは、水に溶けず技法は現れません。また、水性のものでも、色によってはにじみの効果がわかりにくい場合があるので、事前にチェックが必要です。

導入のことばがけ例　子どもが描き出す！ヒントとコツ

（日常の遊びの中で、シャボン玉を吹いたり歌をうたったりといった活動から）

▶ペンでシャボン玉を描いてみようか。

▶だれが吹いていることにしようかな？

▶どこに飛んでいったのかな？

→ 発想を引き出す

かいじゅうがふいていることにしよう。

くものうえのかみなりさまままでとどいたかも。

▶割れないようにていねいに描いてね。

▶できたらシャボン玉に魔法をかけるからね。

（ペンで描いたシャボン玉を、水を含ませた筆でなぞりにじませる）

→ 興味・関心を誘う

わ〜　きれい！　まほうのみずだ！

▶溶けてにじんで困るところには魔法の水はつけないでね。

START 1 水性フェルトペンで描く

活動のPoint ★楽しくてどんどん丸いシャボン玉を描いていきますが、乱雑にならないようゆっくりていねいに描くようなことばがけが必要です。

（例）

「割れてしまわないように、シャボン玉のお口は閉じようね」

「シャボン玉はひとつずつていねいに水でにじませよう」

2 水でにじませる

水のついた筆でペンの上をなぞり、にじませます。

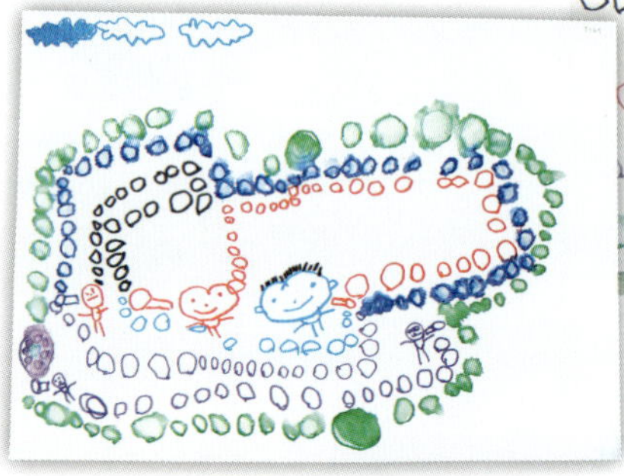

シャボンだまが、まあるくつながったよ。

共同で

模造紙にお友達と一緒に描いています。どの色がよく出るかな？

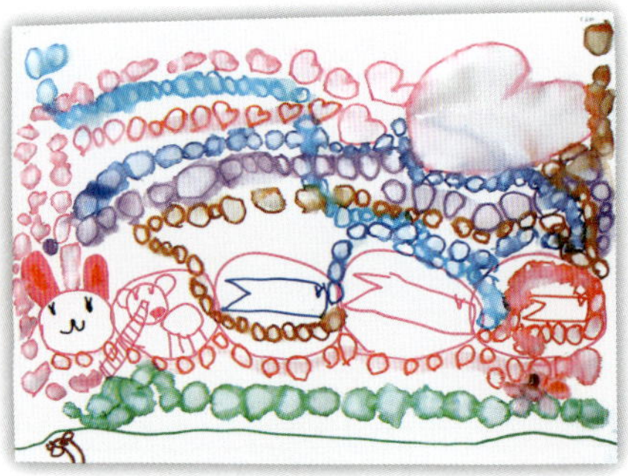

シャボン玉列車に乗って、ゾウもこいのぼりも大喜び！

シャボンだま、い〜っぱい!

ペンの色がにじむことがおもしろく、一面をシャボン玉で埋め尽くしました。

3歳児

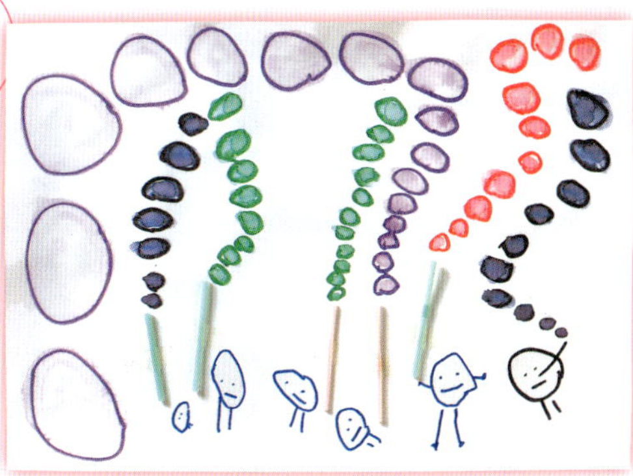

画用紙にストローをはってから描きました。
ストローのはり方もさまざまです。

おおきなシャボンだま、ちいさなシャボンだま…。

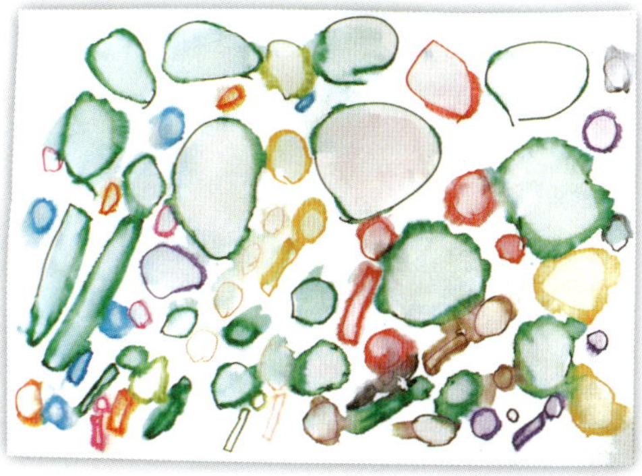

おうちのまどからシャボンだまをふいたら、おそとのおともだちがびっくり。

いえのえんとつやくるまからもしゃぼんだまがポコポコでてきたよ。
あっ、シャボンだまがふってきた!

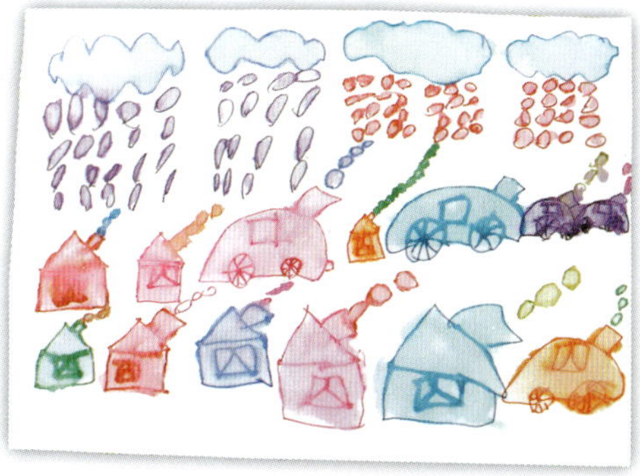

なかよし4にんぐみ。

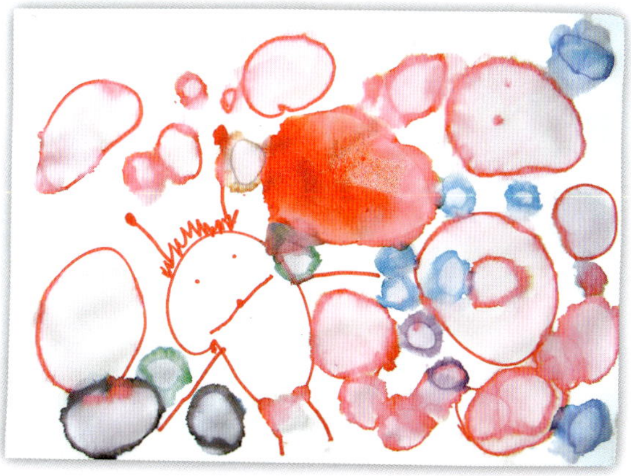

あかいペンでぬったところにもおみずをいれてみたよ。わ〜! きれい!

やさしいきょうりゅうとイヌがなかよくふいているよ。
たいようまでとどくかな?

SPRING 春

ショートケーキがいっぱい

子どもたちの大好きなケーキに見立てて、絵の具の重ねぬりを楽しみます。濃いめに溶いたトロトロの絵の具の感触がとても気持ち良く、まるで本物の生クリームのようです。

用意するもの

- **濃いめに溶いた絵の具**
  ・スポンジケーキの色（白＋黄土を少々）・クリームの色（白）
  ・チョコレートの色（茶）・フルーツの色（赤・オレンジ・黄など）
- **□△○などスポンジケーキの形に切った紙**（ひとりに約10～20枚）
  …段ボール紙、厚紙、白画用紙などを使用する。
- **太筆**（15号）…スポンジケーキや生クリームに使用する。
- **中筆、細筆**（6～10号）…フルーツの飾り付けに使用する。
- **画板**
  ※画板に子どもの名前を書いたシールをはるだけで、一人分がわかって便利です。
- **ぞうきん**…筆や手などが汚れたときに使用する。

導入のことばがけ例　子どもが描き出す！ ヒントとコツ

▶今日は、みんなの大好きなケーキを絵の具でつくろうと思います。
▶どんなケーキがいいかなあ。

イチゴケーキ！
チョコレートケーキ！

▶じゃあ、おいしいケーキのつくり方をお話するから、よく聞いてね。
▶まずは、カステラのようなスポンジケーキの色をぬって……。
▶次に白い生クリームの色をぬって……。
（①～③の手順で、実際につくって見せる）
→興味・関心を誘う　活動の内容や流れを伝える

わーおいしそう！　ほんものののケーキみたい！
クリームがトロトロだ～。
チョコレートがおいしそう。
イチゴもいっぱいのせようよ！

▶それじゃあ、みんなもつくってみよう！
▶できたケーキは自分の画板の上にどんどん並べていこうね。

START

1 スポンジケーキの色をぬる

ケーキに見立てた紙の上に、太筆で絵の具をぬり広げていきます。

2 クリームやチョコレートの色をぬり重ねる

乾くのを待たずにクリームの白、チョコレートの茶などを①の上にぬり重ねます。

3 フルーツを飾る

②の上に、イチゴやオレンジなどに見立てた絵の具で飾り付けていきます。

活動のPoint

★ケーキづくりのつもりになって描くためには、①②③の順番で少しずつ時間をずらして絵の具を出すといいでしょう。でもこの順番にあまりこだわることはありません。繰り返し活動を楽しむ中で、①の色をぬらずに②の白や茶から始めたり、③のフルーツの色をぬった上に①や②の絵の具で飾り付けたりと、絵の具の使い方に広がりが出てきてもいいでしょう。「こんどはこんなふうに！」と工夫ができる楽しい雰囲気づくりに努めましょう。

★ぬっているうちに色が混ざって筆が汚れますが、多少の汚れは気にせずに。あまりにも汚れがひどい場合には筆をぞうきんでふきましょう。水の入ったバケツを用意しておき、軽く洗ってあげてもいいですね。ぞうきんで筆の水気をしっかり取って元のカップに戻します。

★手や床が汚れたら、ぬれたぞうきんで手の汚れだけではなく、床についた絵の具もふくように指導しますが、子どもが夢中になって活動を楽しんでいる場合には、遊びの流れが中断しないように保育者がそっとふくことも大切な配慮です。ここでは“しつけ”より子どもの“夢中”を大切に！

★いきなり四ツ切画用紙に作品を描かせようとするのではなく、遊びの中で筆の使い方や絵の具のおもしろさなどに気づかせてあげることが大切です。繰り返しの活動がどんどん子どもの意欲を引き出します。（P.102～104「絵の具」を参照）

4 繰り返し楽しむ

できたケーキは画板の上に並べ、新しい紙を取って、繰り返しケーキづくりを楽しみます。

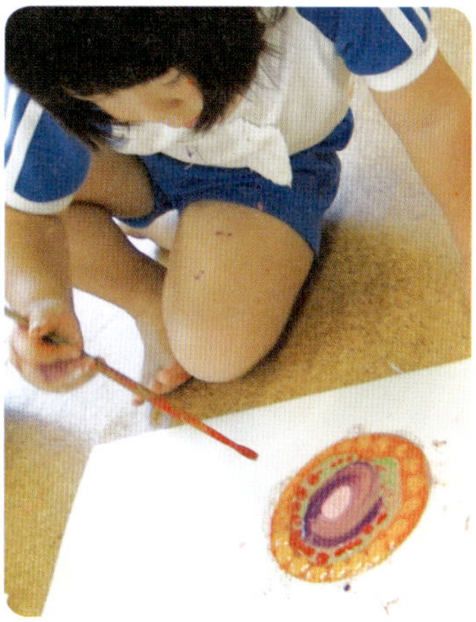

ていねいに飾り付けています。絵の具の混ざりぐあいも、とても気持ち良さそう！

環境構成

みんなちがって みんないい作品 子どものつぶやきがいっぱい!!

持ち帰るときは…

ポリ袋にケーキを入れて口をモールで縛ってあげるとかわいいですね。

アレンジ

サラミやチーズ、ピーマンなど、なんでも好きなものをトッピングしてお好み焼きやピザをつくりました。

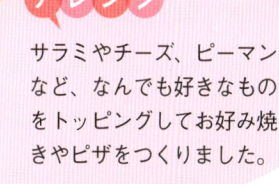

SUMMER

夏 ジュースをどうぞ！

バチック（はじき絵）の技法を知ることで、材料の特質や技法遊びのおもしろさに気づき、興味を持って描画活動に取り組みます。身近なジュースをテーマにしています。

用意するもの

- コップの形に切った白画用紙
- クレヨンまたはパス
- 絵の具（P.102「濃度」を参照）
  ※水加減や色のチェックは事前に行ない、技法の効果を確かめておきましょう。

濃すぎ　適度　薄めすぎ

- ストロー用の色画用紙
- のり　●筆　●画板

導入のことばがけ例　子どもが描き出す！ヒントとコツ

▶ジュースを入れるコップを用意したよ。
▶みんな、どんなジュースが好きかな？

〈イチゴジュース〉
〈オレンジジュース〉

▶まず、冷たくなるように氷を入れるね。
（白いパスで氷を描いてみせる）
▶次に絵の具でジュースを入れるよ。
（はじき絵の効果を見せる）
→興味・関心を誘う

〈わー！　こおりがでてきた！〉

▶氷のほかにも、いろんなフルーツを入れてもおいしいよ。
（①～⑤を伝える）
→活動の内容や流れを伝える
▶さあ、やってみよう！

START 1 パスで描く

コップに見立てた画用紙に氷やフルーツなどを描きます。

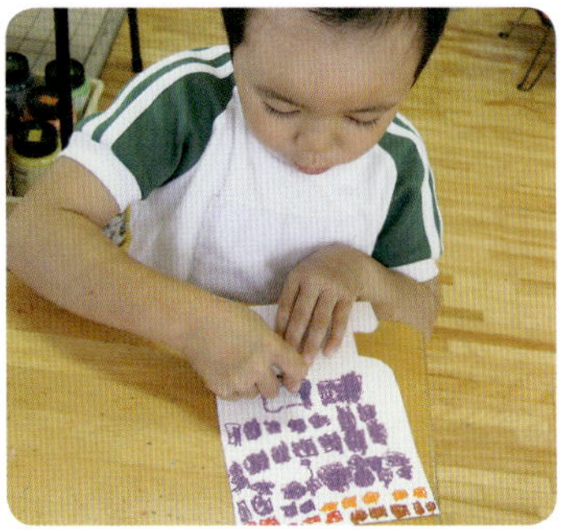

2 絵の具でぬる

絵の具をジュースに見立ててぬります。

バナナジュースだよ！

3 ストローをはる

5歳児

細く切った画用紙をのりではります。

4 画板に並べる

できたジュースは画板の上に並べ、いっぱいになったら冷蔵庫に見立てた乾燥棚に入れていきます。

5 繰り返し活動を楽しむ

活動のPoint ★技法を使った遊びを保育に取り入れる場合、技法の手順や操作ばかりを強調した指導になりがちです。技法遊びの楽しさから、色や形、材料のおもしろさを感じ、造形表現する意欲を育てる活動となるよう心がけましょう。子どもたちが「おもしろい！」と心をときめかせ、「もっとやりたい！」と意欲的に活動が展開できるよう、活動の流れや動線を考えた環境構成を工夫しましょう。そして何より、一人一人の子どもの思いに共感し、寄り添うことが大切です。

環境構成

みんなちがって みんないい作品 子どものつぶやきがいっぱい！！

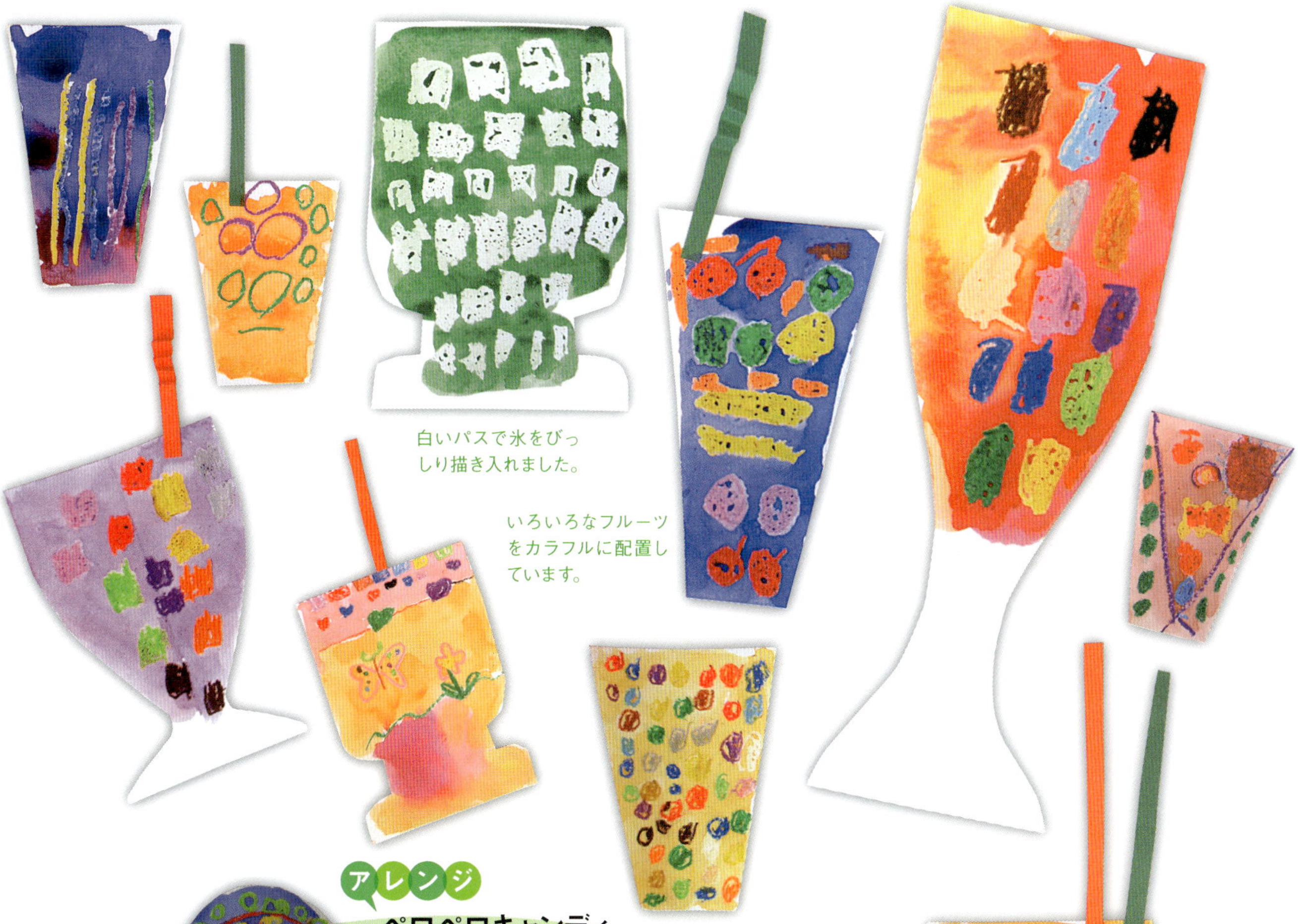

白いパスで氷をびっしり描き入れました。

いろいろなフルーツをカラフルに配置しています。

アレンジ

ペロペロキャンディ

1. 丸い紙にパスで描く
2. 裏面にセロハンテープでストローをはる
   （または棒に見立てた画用紙をのりではる）
3. 絵の具をぬる
4. 繰り返し活動を楽しむ

SUMMER

夏 打ち上げ花火がきれいだよ!

夏の夜空を彩る打ち上げ花火をイメージしながら、筒を飾り、絵の具で花火を描きます。大きな画面にのびのび描く気持ち良さが味わえます。

用意するもの

- **黒い紙**（模造紙または全紙サイズの画用紙）
- **絵の具**…絵の具に白を混ぜておく。（P.91「色の組み合わせ」を参照）
- **太筆**　●**ぞうきん**　●**毛糸またはひも**
- **トイレットペーパーの芯**（ひとり数個）
- **カラービニールテープ、シール、ペンなど**（花火の筒を飾るためのもの）
- **セロハンテープ**　●**パスまたはクレヨン**

導入のことばがけ例　子どもが描き出す！ヒントとコツ

（大きな黒い紙を用意しておく）

▶真っ暗なお空に、ヒュ〜、ドンド〜ン！

→興味・関心を誘う

あっ！　はなびだ！

ぼく、おまつりのはなびを、みにいってきたよ。

おそらいっぱいの、おおきなはなびだったよ！

▶じゃあ、みんなで花火を描こう。まずは花火を打ち上げる筒をつくらなきゃね。

（①②の花火の筒のつくり方を伝える）

▶できたら筒を黒い紙にはって、みんなで夜空に打ち上げる花火を描こうね。

→協同の活動に導く

START

1 花火の筒をつくる

トイレットペーパーの芯を打ち上げ花火の筒に見立てて、カラービニールテープやシールをはったり、ペンで描いたりして飾ります。

ペンで、ていねいに模様を描いています。

ぼくは、2ほんつないでながくするんだ！

ビニールテープの切り方

はってから切る。

テープの芯を下にして切る。

2 導火線を付ける

花火の筒に毛糸で導火線を付けます。

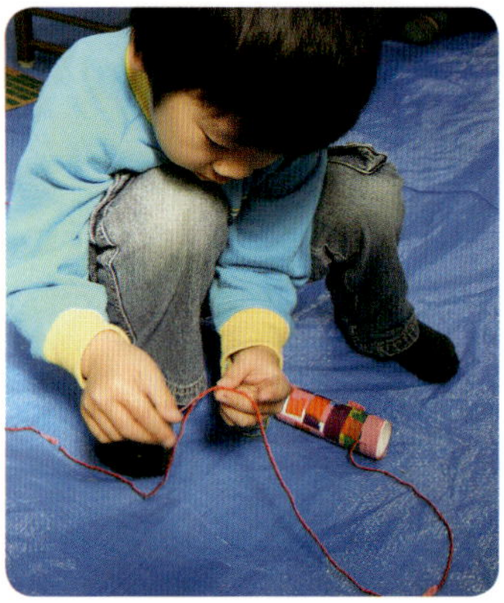

導火線を「なが〜く、ながく」と、ビニールテープで毛糸をつないでいきました。

3 黒い紙にはる

①、②でできた花火の筒を黒い紙にセロハンテープではります。

4 絵の具で花火を描く

P.104「筆を使うときのお約束」参照

壁にはった紙に

壁に黒い紙をはっておくと、空高く花火を打ち上げるつもりになって描くことができます。立って描くのも楽しいですね。絵の具が垂れないように濃いめに溶いておきましょう。

ゆっくり、ていねいに!

イヌもいっしょにみているの!

絵の具やパスで描き加えていきました。

精いっぱい、背伸びして
「こんなにたかくあがったよ!」

できあがり!　みてみて!
きれいでしょ!

床に広げた紙の上に

壁面が使えない場合は、床に大きな模造紙を広げてあげましょう。描いたところを踏まないよう、紙の上はそっと歩きましょう。

活動のPoint

★「筒をつくる」「紙にはる」「絵の具で花火を描く」といった活動の流れになりますが、筒をつくる活動と絵の具で描く活動を２回に分け、次の活動への期待を持たせながら、ていねいに保育を進めてもいいです。一人一人の子どもとクラス全体のようすを考慮し、指導計画をたてましょう。

★勢いのある筆の線で描かれた絵と、雑な絵は異なります。筆使いをていねいにし、落ち着いて描くよう、ことばがけをしましょう。

SUMMER

夏 スチレン版画「ロボット」

スチレンボードならではの柔らかな感触があります。傷つきやすいスチレンボードをていねいに扱いながら、その感触を味わい、鉛筆で絵を描き、インクをつけて写してみましょう。（P.110・111「版画」を参照）

用意するもの

- **スチレンボード**（発泡スチロールの板）
- **鉛筆**…とがっていると引っ掛かって描きにくいため、先は丸くしておく。
- **版画用インク**（水性）
- **ローラー**
- **練り板**
- **写し取るための紙**（版画紙やコピー紙など）
- **新聞紙**
- **ぞうきん**

導入のことばがけ例　子どもが描き出す！ ヒントとコツ

（スチレンボードを慎重に配りながら）

▶今日はこのスチレンボードに絵を描いてみようと思います。

▶このスチレンボードは、とても傷つきやすいから気をつけてね。

→活動上の注意を促す

▶優しくそっと、手のひらでなでてみてごらん。

わ〜、ちょっとフワフワしてる！

▶ここに、みんなが大好きなロボットの絵を鉛筆で描いてみようと思います。

▶どんなロボットがいいかなあ。

→発想を引き出す

シールがいっぱいでてくるロボット！

おてつだいロボット。

▶絵を描いたら、インクをつけて紙に写してみようね。

→活動の流れを伝える

▶鉛筆で描いたところが少しくぼむから白く写るんだよ。ちょっとだけ、力を入れて描いてね。

→版づくりのコツを伝える

START

1 スチレンボードに描く

スチレンボードに鉛筆で絵を描きます。

活動のPoint　★スチレンボードは柔らかく傷がつきやすいので、ていねいに扱うように言葉をかけましょう。スチレンボートについた傷は刷ったときに写し出されてしまいます。

★ある程度のくぼみがないときれいに写らないので、鉛筆は筆圧をかけて描くように伝えましょう。しかし力をかけすぎると穴があいたりする場合もあるので、程よい力加減で描くようにしましょう。

2 インクをつける

ローラーで版画用インクをつけます。

活動のPoint　★均一にインクがついていないときれいに写りません。子どもがインクをつけたあとは、保育者が最後のしあげをしましょう。

3 紙に写す

インクのついたスチレンボードに紙を乗せ、手で優しくこすって写します。

活動のPoint　★きれいな新聞紙の上に置き直して写します。

げんきいっぱい、おてつだいロボット!

でんしゃにのっておでかけ。

3つのかおがついているロボット!どうぶつとなかよしなんだ。

だいすきなシールをいっぱいつくってくれるロボット!

展開例

「多色刷り」にも挑戦

スチレンボードをカッターで切り抜き、それぞれに違う色のインクをつけて刷りました。切り抜いた形をきっかけに、自分なりにイメージを膨らませて描いています。

スチレンボードをカッターナイフで切っておく(保育者) → 鉛筆で描く → 緑と赤のインクをつける → はめ込んで刷る

ウサギのあかちゃんがうまれたの。

―同じ形でも見立て方はいろいろ―

切り抜いた形を「お城」に見立てています。

切り抜いた形を「郵便ポスト」に見立てて描いていたので、赤のインクで刷りました。

SUMMER

夏 色が写ったよ!

パスで描いた後、紙を重ねると色移りすることがありますが、これを生かして技法遊びをしてみましょう。カメラに見立てた画用紙にパスで色をぬり、紙を重ねて絵を描いて写し取ります。

用意するもの

- パス…赤・青・緑・紫・橙など濃い色を用意する。
- 白画用紙（ハツ切の半分サイズ）
- 色画用紙
  - ・3×3㎝くらい…シャッターボタンとファインダーをつくる。
  - ・6×6㎝くらい…レンズをつくる。
- コピー用紙…Ｂ５の４分の１サイズを多めに用意する。
- 鉛筆…短めのもので、先は丸くしておく。
- ひも　● 穴あけパンチ

導入のことばがけ例　子どもが描き出す! ヒントとコツ

（でき上がった「カメラ」を見せながら）

▶今日は、こんなカメラをつくるよ。

▶このカメラの使い方はね……。

▶この穴をのぞいて、パチッと写して……。

▶裏の四角い面に紙を乗せて絵を描くと……。

（コピー用紙を乗せ、鉛筆で描いてそっと紙をめくる）

→興味・関心を誘う

わ～！きれい！

きれいないろがうつってる！

すご～い！

▶じゃあ、つくり方をお話するから、よ～く聞いてね。

（①②を伝える）

→活動の内容や流れを伝える

▶鉛筆でしっかり描いたりぬったりしたところが、きれいに写るよ。でき上がったら写して遊ぼうね。

START

1 カメラをつくる

①二つ折りにした白画用紙を開き、図のようにのりを付け、もう一度折り戻して袋状にする。

②３×３㎝の色画用紙を図のように二つ折りにして切り抜き、それぞれを①にはる。レンズに見立てた６×６㎝の色画用紙を丸く切り、①にはる。

③裏面に四角を描き、その中にパスでしっかり色をぬる。はっきりときれいに写すために濃い色を使う。

④パンチで穴をあけ、ひもを通す。（保育者）

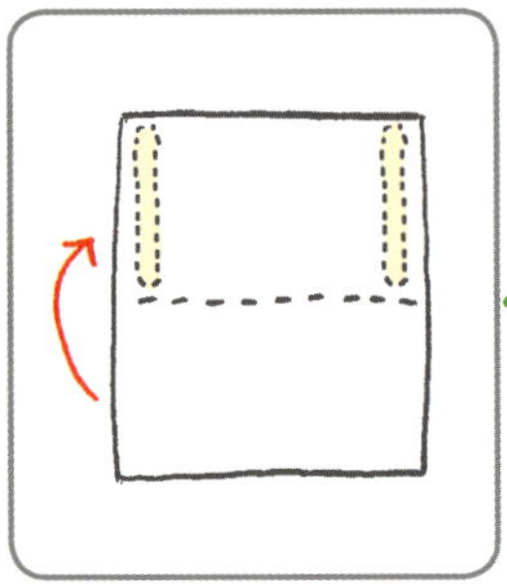

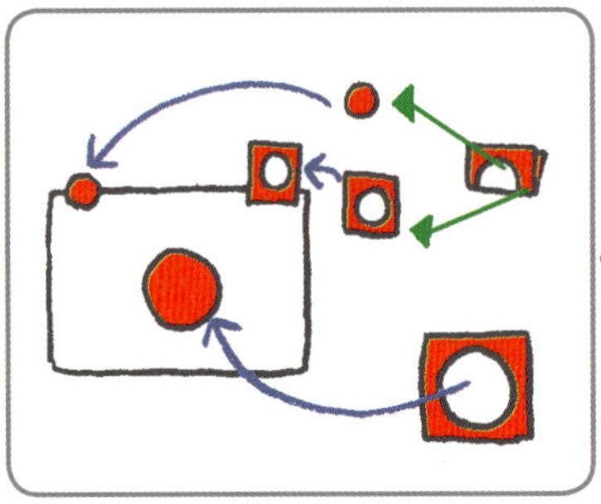

2 写す

パスでぬった面の上にコピー用紙を置き、鉛筆で描いて写し取ります。

繰り返し描く活動を楽しめるように、コピー用紙は一人一人に十分な枚数を用意しておきます。

活動のPoint

★パスをしっかりぬるよう指導しますが、手の力が弱い子どもには保育者が手伝ってあげてもいいでしょう。

★写りにくくなってきたら、さらに上から同じ色をぬり重ねましょう。何度も繰り返し使えます。

★カメラに見立てることで、とても楽しく描くことができます。保育室を出ていろいろな場面を写してみましょう。カメラは袋状になっているので、コピー用紙をたくさん入れて持ち歩くことができますし、写した紙をしまうこともできます。

鉛筆で線を描くだけでなく、しっかりと面をぬり込んでいます。裏返すと色面がはっきりと現れました。

みんなちがって みんないい作品 子どものつぶやきがいっぱい!!

イヌがおさんぽしているの。

はい、ポーズ！

おそとはとってもいいてんき。

ウサギとネコがおともだち。

ウサギがえさをたべてるの。

きれいなおはながさいたよ。

どうぶつえんにいったよ。

あかちゃんをだっこ！

にじがきれい！

SUMMER

夏 宇宙にしゅっぱーつ！

季節行事の「七夕」などから、子どもたちは宇宙への関心を高めています。これを機会に一人一人の思いを大切にしながら、協同で描く活動が楽しめればいいですね。

用意するもの

- 色画用紙（ハツ切またはその半分サイズ）
  …青、水色、ふじ色、灰色、ピンク、赤、オレンジなどを用意する。
- 黒模造紙
- のり
- 手ふき
- ハサミ
- フェルトペン（黒）
- 白のパス

導入のことばがけ例　子どもが描き出す！ヒントとコツ

▶宇宙に行くには、何に乗っていくのかな？

ロケット。

うちゅうせん！

▶そうだね。

▶みんなはだれと一緒に行きたい？

おかあさん。

おともだち……。

たべものやちょうさするきかいなんかもつんでいくんだよ。

▶じゃあ、みんなで宇宙船に乗って、宇宙にお出かけすることにしよう。

（宇宙船のつくり方①②を話す）

→活動の内容や流れを伝える

はやくうちゅうにおでかけしたいな。

▶じゃあ、大きな紙も用意するから、宇宙船をはって、みんなでお絵かきしようね。

→協同の活動に導く

START

1 宇宙船をつくる

どんな宇宙船にするのか、イメージを膨らませ色画用紙を切ったりはったりしてつくっていきます。

活動のPoint ★宇宙船をつくる活動においては、一人一人の思いが表現できるよう支援していきましょう。

2 フェルトペンで描く

宇宙船の中のようすなどを、描いていきます。

まどのなかにみえるのはうんてんせき。

にかいには、はしごであがっていくんだよ。いろんなうちゅうせんをつくるんだ。

3 黒い模造紙にはる

でき上がった宇宙船の裏にのりを付け、黒い模造紙にはっていきます。

のりではったらしっかり押さえて。

階段折りにした紙は、端にのりを付け、はっています。

4 みんなで宇宙を描く

黒の模造紙を宇宙に見立て、白のパスを使ってみんなで描きます。

友達と一緒に思いを共有しながら。

活動のPoint ★宇宙船をはってみんなで描く活動では、個々の思いだけでなく、友達とかかわる中でそれぞれの思いを認めたり共有したりしながら、一緒に活動する楽しさが味わえるようにします。保育者はリードして活動をまとめるのではなく、子どもと子どもをつなぐ役割をするよう心がけましょう。

★黒い紙の上では、赤や青などのパスは色が沈んでしまいます。白がいちばん映えてはっきりときれいに色が出ますが、ほかにもピンク・水色・灰色など白が混ざっている色ならだいじょうぶです。

うちゅうひこうしが
そとにでてきたん
だ。ひもでつない
でおかないと、ど
こかにとんでいっ
ちゃうかも！

お部屋を飾って

でき上がった作品を保育室の壁や天井にはれば、部屋の中が宇宙に大変身！

SUMMER

夏 ゾウさんも暑いね!

絵の具の感触を味わいながら、描いたりぬったりを楽しみます。細かく描くにはパスやクレヨンを使います。自分なりの思いをていねいに描いていきましょう。

用意するもの

- 白画用紙（四ツ切）
- 絵の具…グレー（灰色）を基調に赤・青・紫などを混色し、きれいなゾウの色をつくる。
  ※右の色見本を参考にしてください。
- 絵の具カップ
- 筆
- ぞうきん
- パスまたはクレヨン

水色＋灰色（少々）
ピンク＋灰色（少々）
灰色＋赤（少々）
灰色＋紫（少々）
灰色＋青（少々）
灰色＋緑（少々）
灰色＋黄緑（少々）
灰色（白＋黒少々）

導入のことばがけ例 子どもが描き出す！ヒントとコツ

▶とっても暑〜い日が続いているけど、動物園のゾウさんたちは、どうしているかなあ。
→発想を引き出す

きっといっぱいあせをかいているよ。

▶暑かったらお水をたくさん飲ませてあげないといけないね。

つめたいジュースもあげようよ。

▶どうやって飲むのかなあ？

ながいはなをつかって、おくちまでもってくるんだよ。

▶じゃあ、そのお鼻で、シャワーみたいに水浴びもできるね。

つめたくて、とってもきもちいいよ。

そうだ！　アイスキャンディもあげようよ。

▶きっと、大喜びだね。

▶じゃあ、絵の具で描いてみようか。
（筆を使うときのお約束を伝える　P.104 参照）

▶お顔は、もしも絵の具でぬるんだったら、乾いてからパスで目や口を描くといいね。

▶ジュースやアイスキャンディもパス（クレヨン）で描くといろいろな色が使えるよ。
→描画材料の使い方を伝える

START

1 絵の具でゾウを描く

絵の具で描いたりぬったりします。

活動のPoint ★使った筆は元の色に戻すのが原則ですが、今回はよく似た色ばかりなので、わかりにくく間違えやすいです。混ざることはあまり気にせず、絵の具での活動が十分に楽しめるようにしましょう。（P.104「筆を使うときのお約束」を参照）

環境構成

円形に画板を並べ、その輪の真ん中に絵の具を置いて、絵の具を背に外向きに座るようにすると、画面が汚れず、絵の具も取りやすいです。ひとつの輪の中には 10 人程度の子どもが座りますが、一度に絵の具を取りにいくと混雑するので、最初は順番を決めたり譲り合ったりといった配慮も必要ですね。

2 パスやクレヨンで描く

自分なりの思いをていねいに描いていきます。

アイスももたせてあげよう。

おみずがジャバジャバ…。

活動のPoint ★パスで描いた後で、また絵の具の筆で描いてもよいでしょう。必要に応じ、絵の具とパスをうまく使い分けられるよう促しましょう。

コップにいれたおみずを、いっぱいよういしたよ！

微妙に違うグレーの色あいを楽しみながら描いています。

ゾウさんのせなかにのせてもらったの。あついあついっていってたよ。

ジュースやさん、アイスやさんにおかいもの！

リボンをつけたかわいいゾウさん。あつくってもへいきだよ！

ゾウのはなでみずあびしていたら、おみずのめいろができたよ。

ゾウさんにアイスをいっぱいプレゼント！

SUMMER

夏　透けて見えるよ きれいだね！

向こうが透けて見える透明シートに描くおもしろさを楽しみます。友達と向かい合って描いたり、描いたものを窓にはって透かし見たり……楽しみ方はいろいろ。また、光を通した色や形の美しさも魅力です。

用意するもの

- **透明シート**（ポリ袋を切り開いたもの、または透明ビニールシート）…ピンと張って、机や鉄棒などにテープで留めておく。
  ※透明ビニールシートはホームセンターなどで購入できます。
- **油性フェルトペン**
  ※水性フェルトペンはこれらの素材の上ではじきます。

導入のことばがけ例　子どもが描き出す！ヒントとコツ

▶みんなの机をシートで包んでおいたよ。そっと触ってみようか！
→興味・関心を誘う

つるつるだ！

▶今日は、このつるつるのシートの上にみんなでペンで描いてみよう！
→協同の活動に導く

せんせい、あっちのてつぼうにもシートがかかっているよ！

かいてもいいの？

▶もちろん、いいよ！　でも、破けないよう、優しく描こうね。色ぬりもゆっくりていねいにね！
▶描きにくいようだったら、手でシートをピンと引っ張ってみると描きやすくなるからね。
→活動上の注意を促す

START 1　油性フェルトペンで描く

机の上に透明シートをはって

いつも使っている机にポリ袋を切り開いたものをはるだけで、ちょっと新鮮な気分で描くことができます。

活動のPoint　★机は、事前に透明シート（ポリ袋を切り開いたもの）を掛けて準備しておいたほうがいいですが、１台だけ子どもの前で張って見せるなど、透明シートが掛かっていることを子どもたちにはっきりわかりやすく知らせるような配慮を心がけましょう。

ピンと張った透明シートの上に

下に机がない分描きにくいものです。慎重にゆっくり描くように促しましょう。

ていねいに
いろもぬったよ！

ちょっと
くすぐったいね！

破れないように下に手を置いて描いています。

向かい合って

鉄棒やポール、柱なども利用してみましょう。片方からだけでも楽しいですが、向かい合って描くことで、子ども同士がかかわり合いながら楽しむことができます。

片手でポリ袋をピンと引っ張りながら描いています。

活動のPoint ★薄手の素材は、描くときに力を入れすぎると、破ける場合があります。滑りがいいので、そっと優しく描いたりぬったりするよう、言葉をかけましょう。

2 窓に飾る

透明シートを透かして見える向こう側は、なんだかとっても不思議な感じがします。

★透明な素材を使うため、自由に描くだけでも子どもたちにとって楽しい活動になりますが、共通のテーマを設定しイメージを出し合ってもいいですね。夏の季節を感じるものや透明感を生かすものなど、子どもの興味・関心に結び付くようなテーマになるよう心がけましょう。

展開例

その1 園庭での活動

太陽の日がさすと、描いたものが地面に映ります。園庭での夏の遊びにピッタリですね。

油性フェルトペンで描いた絵が、光を通して下に映って見えています。カラフルでとてもきれいです。

不思議！ 不思議！

はじかないように台所洗剤を混ぜた絵の具で描いたものは、光を通さずシルエット（影）になって映ります。

その2 透明ビニール傘に描く

油性フェルトペンで描いたものは、光を通して映ります。日の当たる窓際に置いたり、よく晴れた日に園庭に持ち出したりして試してみましょう。

下から見上げると、とてもきれいです！

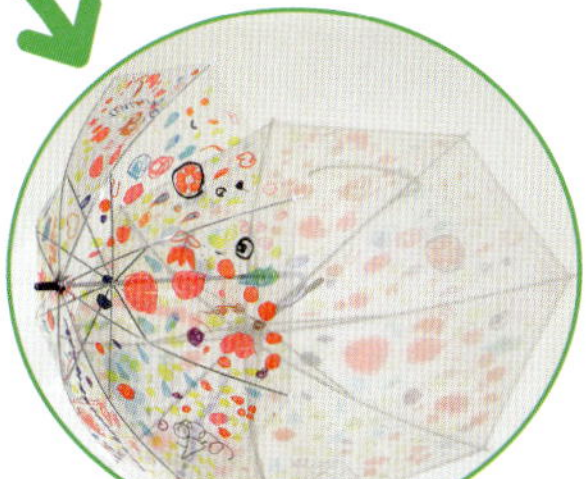

SUMMER

夏 トントン…こんにちは! おうちの中では

画用紙で「家」をつくります。折ったり切ったりはったりして、扉や窓、屋根などもつくっていきます。できた「家」をきっかけに、イメージを広げて描くことを楽しみましょう。

用意するもの

- **白画用紙**（四ツ切または八ツ切）
- **色画用紙**（八ツ切またはその半分サイズ）
  …屋根や扉などをつくる。
- **ハサミ**
- **のり**
- **手ふき**
- **フェルトペン**

活動のPoint ★扉や窓、屋根などがきっかけとなり、楽しい描画活動が展開することで、描くことへの意欲が高まるといいですね。
★表現する力や発達の実情などに応じて、子どもたちが興味を持って無理なく楽しめる内容となるよう心がけましょう。

導入のことばがけ例 子どもが描き出す! ヒントとコツ

（半分に折った画用紙をあけながら）
▶トントン…。こんにちは。
▶みんなはおうちでどんなことをしているのかな。
→発想を引き出す

おにいちゃんとゲームしてあそんでるよ。
おかあさんのおてつだいもしているよ。

▶じゃあ、まずは窓をつくったり屋根を付けたりして、おうちをつくろうね。
▶それから、おうちでのようすをペンで描いていこうね。
→活動の内容や流れを伝える
▶おうちの中だけでなく、扉の外にもお絵かきができるよ。
→発想を引き出す

おきゃくさんが「ピンポーン」ってチャイムをおしてるところもかけるね。
おはなもうえてるの。

▶楽しいおうちになるといいね。

START

1 扉をつくる

白画用紙を半分に折って扉をつくります。

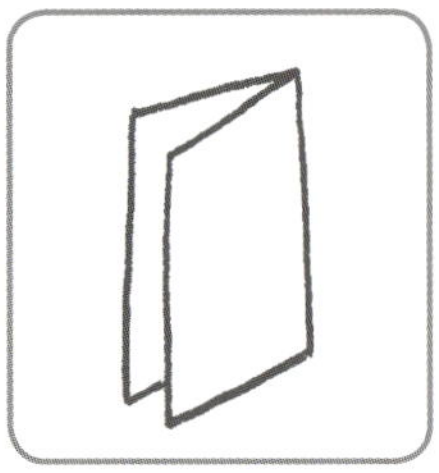

2 窓を開ける

5歳児

扉をもう一度半分に折り返し、切り込みを入れ、窓をつくります。

3 屋根を付ける

色画用紙を切って屋根をつくり、のりではります。

4 ペンで描く

おうちでのようすをペンで描いていきます。

扉を閉めた状態で、窓を開け、窓の中に人物を描いています。

扉を開けて、中のようすを描き足しています。

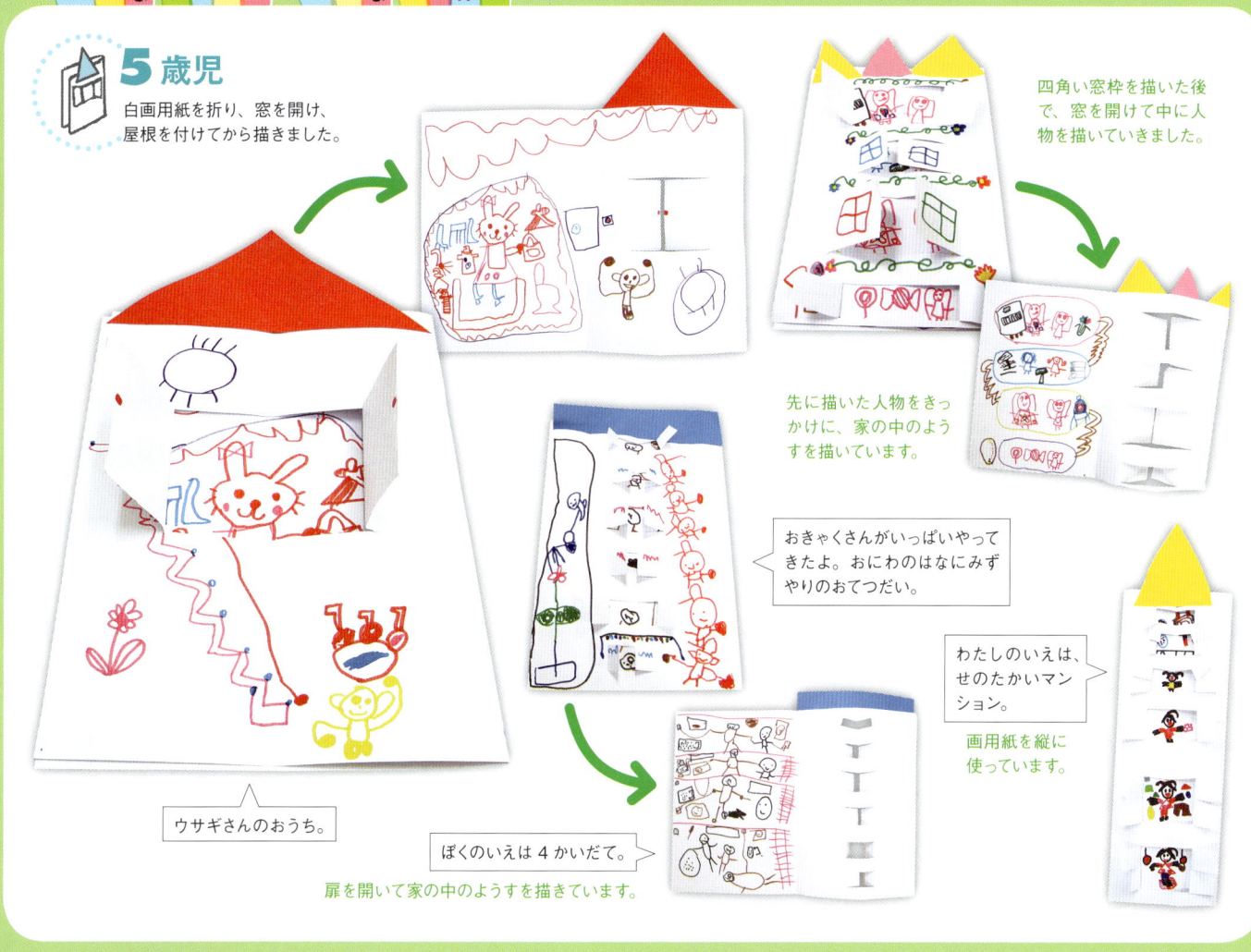

5歳児

白画用紙を折り、窓を開け、屋根を付けてから描きました。

ウサギさんのおうち。

四角い窓枠を描いた後で、窓を開けて中に人物を描いていきました。

先に描いた人物をきっかけに、家の中のようすを描いています。

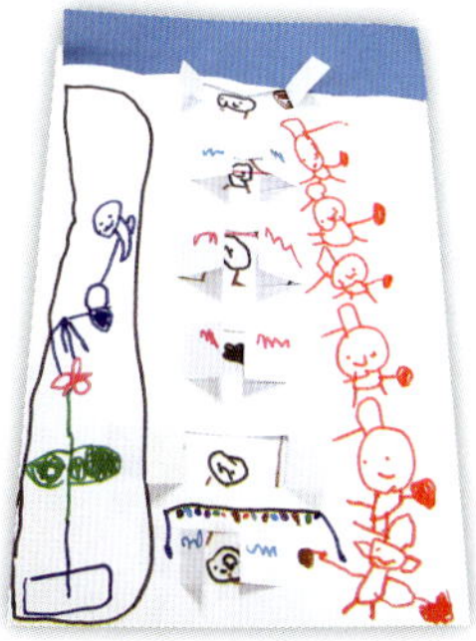

おきゃくさんがいっぱいやってきたよ。おにわのはなにみずやりのおてつだい。

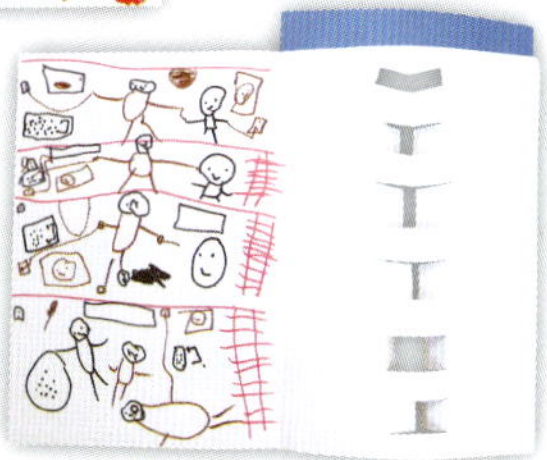

ぼくのいえは4かいだて。

扉を開いて家の中のようすを描いています。

わたしのいえは、せのたかいマンション。

画用紙を縦に使っています。

4歳児

白画用紙を半分に折り、屋根を付けてからペンで描きました。

おともだちがてをつないでやってきたの。

おおきなあかいやねがすてきでしょ。

3歳児

保育者が屋根を付けた画用紙を用意しておきました。

おともだちがいっぱいいっぱい。

トントン…こんにちは。

SUMMER

夏 みんなでお出かけ

床いっぱいに広げた大きな紙に、絵の具を使ってダイナミックに描きましょう! 友達とかかわり合い協力し合うことで、互いの思いを理解し一緒に活動する楽しさを味わいます。

用意するもの

- 絵の具
- 筆
- ぞうきん
- のりでつないだ大きな模造紙
- 絵の具を入れる容器
  …牛乳パックやペットボトルでつくる。

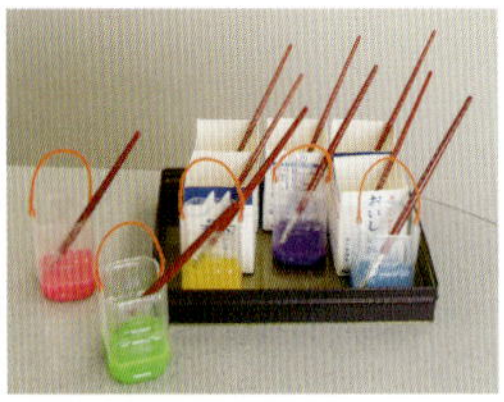

活動のPoint ★絵の具を入れた容器には筆を1本ずつ入れておきます。子どもたちが自由に選んで持って行けるよう置き場所を決め、まとめて置いておきましょう。(P.94「環境構成」を参照)

導入のことばがけ例 子どもが描き出す! ヒントとコツ

▶とっても大きな紙を用意したんだけれど…。今から広げてみるね。

▶破れやすいから、そ〜っと広げるね。

→興味・関心を誘う

わ〜っ! おおきい!

▶じゃあ、みんな、そ〜っと、紙の上を歩いて先生のところまで来てごらん!

→活動上の注意を促す

そ〜っと、そ〜っと…

▶ここにね、線路を描いて…。電車に乗って出かけようと思うんだけど。

(線路を描きながら話す)

▶どこに行こうか?

→発想を引き出す

デパート! どうぶつえん! ジャングル!

▶じゃあ、線路をどんどん伸ばしていろんなところに行けるようにしよう!

▶線路はていねいに描こうね!

▶みんなの行きたい所も、どんどん描いていくと、楽しい世界になるね。

START

1 線路を描く

絵の具の入った容器を選び取って、線路を描きます。

慎重にていねいに線路を描いています。

2 イメージを広げ描くことを楽しむ

線路をきっかけにイメージを膨らませ、自由に描いていきます。

でんしゃもはしらせようね。

お友達と一緒に描いていきます。

ピンクのでんしゃにしよーっと!

活動のPoint ★描くことが苦手な子どもも、保育者や友達とかかわり合いながら一緒に描くことで、安心感を覚え、次の活動へと向かうきっかけとなります。一人一人のペースに合わせた援助を心がけましょう。

★「自由にのびのびと描く」という内容には、楽しく描く中にていねいな表現が望まれます。乱雑にならないような配慮やことばがけが必要です。

(例)

「紙の上ではそ〜っと歩こうね」

「お友達が描いた大事な絵は、踏まないようにね」

「床や足の裏の汚れは、ぞうきんでふこう!」

(保育者もふいてあげましょう)

大きな画面にダイナミックに描いています。

ちかみちもつくって
おこう。

あかいおはなが
さいているの。

「ガタンガタン…」と線路を描く子、「おともだちいっぱい！」と人物を描く子、「あかいおはながさいているの」と花を描く子、友達が描いた絵を大切にしながら、いろいろな子どもがそこにかかわっていきました。

アレンジ

「動物園」を描く

模造紙をどんどんつなぎ、床いっぱいを使って描いていきました。

いろんなどうぶつが
なかよくしているんだよ。

アレンジ

「思い出」を描く

1 年間を振り返り、みんなでいろいろな思い出を話し合って描いていきました。

ゆきあそび
たのしかったね。

AUTUMN

秋 ウサギの家族

「ウサギの家族」をテーマに保育者や友達と一緒にお話づくりを楽しみましょう。一人一人が自分なりにイメージを広げ、楽しい描画活動へと展開できるといいですね。

用意するもの

- パス
- 画用紙
- ウサギのペープサート（導入用）
  …大中小の大きさを取り混ぜて用意する。

活動のPoint ★パスは材質が柔らかく、線で描いたり、面をぬって着色したりといった表現が楽しめる画材です。しっかり力を入れて、ていねいに描くよう、ことばがけをしましょう。
★一人一人の子どものつぶやきや思いを大切に、受け止めましょう。

導入のことばがけ例　子どもが描き出す！ヒントとコツ

（子どものウサギのペープサートを使って）
→興味・関心を誘う
▶ウサギさんの家族には、だれがいっしょにいるのかな？
→発想を引き出す
おかあさん　あかちゃん
（子どもの声に合わせて、ペープサートのウサギを出していく）
▶どんなおうちに住んでいるのかな？
→発想を引き出す
マンション　きのいえ
おやま
▶どんな暮らしをしているのかな？
→発想を引き出す
おかいものにいったり……
あっ、ニンジンをかってきて、パーティをするんだ！
▶そうだね、いろんなお友達がいっぱいくるといいね。
▶じゃあ、ウサギさんたちをパスで描いてあげよう。
→活動の内容を伝える
▶パスはしっかり力を入れて、描いたりぬったりしようね。

START 1

パスで描く

好きな色で自由に描きます。描きだせない子には、再びウサギのペープサートを使ってことばがけをしてもいいでしょう。

活動のPoint ★子どもが描くことに夢中になっているときには、できるだけことばがけは控え、そっと見守り、落ち着いた環境づくりを心がけることも、大切な配慮です。

ウサギのペープサート

大人が描くじょうずなイラストを使ったペープサートではなく、子どもが描きそうな素朴な絵を使ったペープサートをつくります。「自分にも描けそう…」と子どもが安心して描き出すことができるでしょう。まだ頭足人（P.97参照）しか描けない子どもには、頭足ウサギのペープサートをつくってあげてもいいですね。ペープサートは大・中・小それぞれ複数ずつ用意しておきましょう。子どもの「お父さん」「おばあちゃん」などの声には大きなペープサートを、「お兄ちゃん」「お友達」などの声には中くらいのペープサートを、「赤ちゃん」の声には小さなペープサートを示して話を進めていくことができます。特定のイメージに固定化したペープサートでは、想定外の登場人物に対応できなくなります。また、ペープサートを見ることで、パスの使い方もわかるようにしておくといいですね。線はていねいに描き、ぬるところはしっかりぬり込んでおきましょう。

5歳児

おそとでバーベキューをしているの。デザートはイチゴだよ。

ゾウさんやブタさんとおともだちになったよ。

かぞくみんなで、ピクニック。ムシとりもしてあそぶんだ！

首の長〜いウサギさんです。子どもが表す形はさまざまです。とてもユニークでかわいいですね。

3・4歳児

かぞくみんなでバスにのっておでかけ！

ふねにのって、さかなつり。

おかあさんといっしょにおさんぽ！

濃い色の画用紙に白いパスの色がとてもきれい。

おつきみのおだんごがいっぱい！

人物を描くと“頭足人”になりますが、ウサギも同じく頭から手足が出ています。（P.97「幼児画の特徴」を参照）

AUTUMN

秋 人物を描こう!

絵の具の感触を味わいながら人物を描くことから始まり、自分なりにイメージを広げ、一人一人が体験したことや想像したことを絵で表現することを楽しみます。

用意するもの

- **絵の具**
  - ・肌の色…うす橙に、黄土、茶、ピンク、山吹などの色を少量ずつ加える。（P.103「色づくり」を参照）
  - ・洋服などの色…水の量が多すぎると、にじみやすくなるため少し濃いめに溶く。
- **パス、クレヨンなど**
- **筆**
- **画用紙**
- **ぞうきん**

環境構成

10人くらいのグループで円状に座り、中心に絵の具とぞうきんを置くと、筆が取りやすく画用紙も汚れにくくなります。

導入のことばがけ例

子どもが描き出す！ ヒントとコツ

▶みんなは、もう、ひとりでお着替えできるようになったかな？

うん！　できるよ！

ボタンだってじぶんでかけられるし、いもうとのおてつだいだってできるよ。

▶じゃあ、今日は、お絵かきで絵の具のお洋服を着せてあげようね。

（実際に描いて見せながら①②を伝える）

→活動の内容や流れを伝える

せんせい！　めやくちをかくのをわすれているよ！

▶そうだね！

▶でも、にじんで汚くならないよう、絵の具が乾いてから描こうね。

→描画材料の使い方を伝える

▶じゃあ、みんなも描いてみよう！

▶何をしているところにする？

→発想を引き出す

バスにのっておでかけしているところ！

ぼくは、ムシとり！

だいすきなフルーツをいっぱいたべているところ！

▶細かいところは、パスを使って描こうね。

START

1 肌の色をぬり広げ、人物を描く

太筆で人の形にぬり広げていきます。絵の具は、筆から垂れ落ちないよう、容器の縁で「ゴシゴシ……」と落としてから持って行くよう、言葉をかけましょう。（P.104「筆を使うときのお約束」を参照）

活動のPoint ★まずは肌の色の絵の具を出し、描き始めたのを確認してから、洋服などの色を置いていきましょう。絵の具を出すタイミングを少しずらすことで、活動の流れが理解しやすくなります。

2 洋服などの色を重ねてぬる

肌の色が乾くのを待たずにぬり重ねていきます。重なったり混ざったりする絵の具の感触を楽しみます。

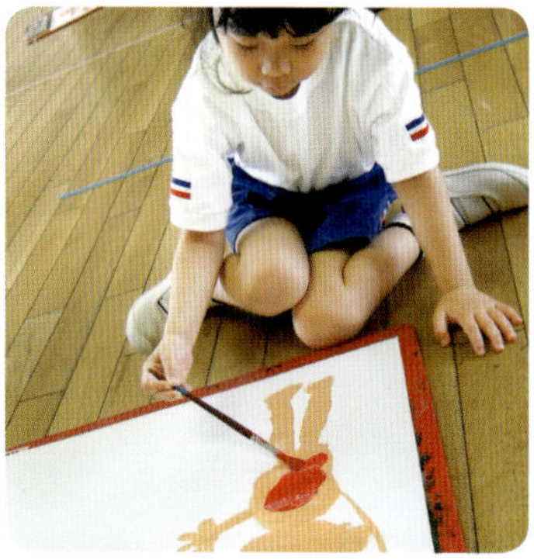

3 イメージを広げ、パスや絵の具で描く

目や口は、絵の具が乾いてからパスや細筆で描くように言葉をかけますが、多少ぬれていてもだいじょうぶです。あまり神経質になりすぎると、楽しさや描くことへの意欲が減退します。

はたのところまで、よーい、ドン!

ママといっしょに、おともだちのところにあそびにいってるの! あかいてぶくろ、すてきでしょ!

オレンジジュースがいっぱ〜い!

髪をふたつにくくって、かわいくおしゃれしています。とてもていねいにゆっくり描いていきました。

ガリバーとこびとたち。

『ガリバー旅行記』の絵本を読んで、描きました。小人たちはフェルトペンで描いています。

ムシとり、したよ!

夏休みの楽しかった思い出を描きました。

おいしそうなフルーツ!

思いつく物をカタログ式に次々と描いていきました。とてもかわいい表現です。(P.97「幼児画の特徴」を参照)

うんどうかい、がんばったよ!

AUTUMN

秋 動物マンション

物語や絵本をきっかけにイメージを広げ描くことを楽しみます。一人一人が自分なりの発想で、楽しいお話づくりへと展開するといいですね。

用意するもの

- **油性フェルトペン**（黒）
- **絵の具**…ペンで描いた線が透けて見えるように、水で薄く溶いておく。
  ※水の量が足りなかったり、白を混色したりすると、透明感が出にくくなります。（P.103「色づくり」を参照）
- **筆**…広い部分は太筆で、細かい部分は細筆で着色する。
- **ぞうきん**　**白画用紙**
- **動物の家をテーマにした絵本**（導入用）
（例）『くすのきだんちへおひっこし』（ひかりのくに）
　　『100 かいだてのいえ』（偕成社）

導入のことばがけ例　子どもが描き出す！ヒントとコツ

▶動物たちが、一緒に暮らすマンションがあったら楽しいね。
▶どんなお部屋があったらいいかな？
→発想を引き出す
ゾウさんには、おおきなおへや！
▶キリンさんにはどんなお部屋がいいかなあ？
てんじょうのたか～いおへや！
▶じゃあ、横に細なが～いお部屋には？
ヘビさんがはいれるよ！
こどものウサギさんも、ならんではいれるよ！
▶ネズミさんにはどんなお部屋？
ちいさなかわいいおへや！
アリさんやムシたちもよんであげようよ！
▶じゃあ、動物マンションでみんな仲よく暮らしているところを、描いてみよう！
▶まずは、ペンで、ゆっくりていねいに描いてね。
▶後で絵の具を用意するから、できたら色をぬろうね。
→活動の内容や流れを伝える

START

1 油性フェルトペンで描く

動物マンションのイメージを膨らませながら、黒の油性フェルトペンでゆっくりていねいに描いていきます。

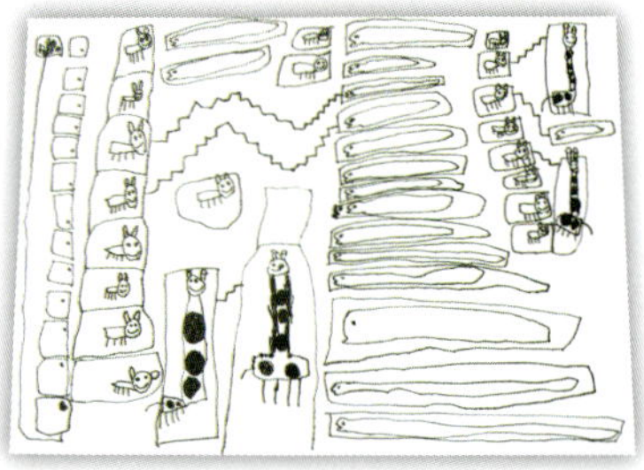

活動のPoint
★一人一人自分なりにイメージを広げ、楽しく描くことができるよう、それぞれの思いや発想を受け止めましょう。
★とまどっている子どもには側に寄り添い、描くきっかけをつくってあげることも必要ですが、夢中になって描いているときにはそっと見守り、落ち着いて描けるような雰囲気づくりを心がけましょう。

ウサギさんのへやとヘビさんのへやは、かいだんでつながっているの。

2 絵の具で色をつける

かぞくでなかよくすんでいるの。

周りを絵の具でぬることで、家の中がはっきり浮かび上がって見えています。

おそらのくもまでとどくマンションなんだ。

絵本『100かいだてのいえ』を読んだことが、印象に残っていたようです。

いちばんうえは、おはなのおへや！　きれいだねって、みんなでみにいくの。

おそとには、きれいなおはながさいているの。

かぜがふいてきたよ。くらくなったから、おへやにはでんきをつけているの。

キリンのおうちにあそびにきたよ。

つちのなかにアリさんのいえがあって、そのとなりにキリンがひっこしてきたの。

いっぱいおへやがあって、みんななかよし！

自分のペースで、ゆっくりていねいに描いていました。

AUTUMN

秋 大きな木

日々の生活の中でも季節感や自然の美を感じて、子どもたちはさまざまに想像力を働かせています。絵本などをきっかけにイメージ豊かな楽しい表現に展開するといいですね。

用意するもの

- **絵の具**
  - ・木の幹の色…混色し、いろいろな木の色をつくっておく。
  - ・木の葉や実の色…緑系、赤系、黄系などを用意。(P.103「色づくり」を参照)
- **油性フェルトペン**（黒）　**水性フェルトペン**（カラー）
- **画用紙**（白や薄めの色のもの）　**筆**　**ぞうきん**
- **木をテーマにした絵本**（導入用）

（例）『くすのきだんちは10かいだて』（ひかりのくに）、『かしのきホテル』（フレーベル館）、『からすのパンやさん』（偕成社） など

導入のことばがけ例　子どもが描き出す！ ヒントとコツ

（絵本『くすのきだんちは10かいだて』を読んで）
→興味・関心を誘う

▶秋になって『くすのきだんち』もきれいな葉っぱや木の実でいっぱいになっているかもしれないね。

きっと、きいろやあかのはっぱがおちているよ。

▶みんなもお散歩に行って、きれいな葉っぱをいっぱい見つけたね。
→経験を振り返るように促す

ドングリもいっぱいあったよ！

▶じゃあ、絵の具で秋の『くすのきだんち』を描いてみようか！

▶窓はぬらないであけておくと、ペンで中のようすも描けるよ。

▶絵の具で描き終わったら、細かいところはペンで描こうね。
→活動の内容や流れを伝える

▶でも絵の具でぬった上にペンで描くときは、絵の具が乾いてからにしようね。

START

1 絵の具で木を描く

太い幹は絵の具をぬり広げ、細い枝は筆先を使って描きます。

活動のPoint ★豊かな表現活動を支えるために、身近な自然環境の中で木々の美しさや季節を感じ取るといった経験や、絵本などをもとに想像のお話づくりを楽しむといった経験が重要になります。それぞれのよさを生かしながら、子どもの興味・関心に沿った楽しい造形活動となるといいですね。

★一人一人がイメージを広げ、自分なりのお話づくりへと展開し、じっくり描く活動を楽しめるような環境づくりを心がけましょう。

★絵の具やフェルトペンといった描画材料はていねいに扱い、乱雑にならないよう、言葉をかけましょう。(P.104「筆を使うときのお約束」を参照)

木の葉や実なども絵の具で描いています。

2 フェルトペンで描く

細かい部分はフェルトペンで描き、お話づくりを楽しみます。

活動のPoint ★絵の具の上にフェルトペンで描く場合は、絵の具がしっかり乾いてから描きましょう。

★油性フェルトペンで描くと、後から絵の具や水性フェルトペンで着色することができます。水性フェルトペンで描いて着色するとせっかくの線がにじんでしまいます。(P.105「フェルトペン」を参照)

3 色をつける

絵の具や水性フェルトペン(カラー)などで着色します。

どうぶつやムシたちが、いっぱいあつまってきたよ!

黒の油性フェルトペンで描いた後で、カラーの水性フェルトペンで着色しました。

おおきなきのまわりに、どうぶつたちがあつまってきたよ!　ドングリもいっぱい!

筆使いがとてもていねいで、木の実や枝は、筆先を立てて慎重に描いていました。心の込もったとてもかわいい表現ですね。

絵の具↘
油性フェルトペン（黒）↘
水性フェルトペン（カラー）
の順で描く

ほいくえんのきんかんのきに、たくさんみがなったんだよ。

きのおうちのなかで、リスたちがパーティをひらいているよ。

絵の具の上には、乾いてからフェルトペンで描きました。

絵の具↘
油性フェルトペン（黒）↘
薄溶き絵の具やフェルトペン（カラー）
の順で描く

みんなでキンカンをとったんだ。

キンカンがり!

キンカンを取っているようすがユニークに描かれています。

絵の具↘
パスの順で描く

ドングリのきとドングリぼうや。

絵の周りを回りながら描いていったので、上下のない絵になりました。

AUTUMN

秋 忍者の絵巻物

忍者になったつもりでイメージを膨らませ、長い紙に絵巻物を描いてみましょう。「秘密の……」がキーワードになって、子どもたちのワクワクした気持ちが広がると楽しく取り組めます。

用意するもの

- 絵を描く長い紙（模造紙、障子紙など）…Ⓐ
- 油性フェルトペン（黒）
- 水性フェルトペン（カラー）
- コンテ
- Ⓐの両端に付ける紙（和紙、画用紙、千代紙など）
- ラップの芯　● ひも
- 千代紙　● のり　● 洗たくバサミ　● 手ふき
- 忍者の出てくる絵本（導入用）

（例）『アニメ絵本劇場版忍たま乱太郎　忍術学園全員出動の段』（ポプラ社）、『にんじゃ　つばめ丸』（ブロンズ新社）

導入のことばがけ例　子どもが描き出す！ヒントとコツ

（絵本を読んだ後、絵巻物を見せながら）
→興味・関心を誘う

▶これはね、秘密がいっぱい描いてある忍者がつくった絵巻物なんだよ。

▶中には、何が描いてあると思う？
→発想を引き出す

むかしのひとがかんがえた、ひみつのにんぽう！

▶そう！　ずっとずっと前のおじいちゃんたちが、子どもの忍者に伝えるためにつくったんだよ。

にんぽう、へんしんのじゅつもかいてあるかなあ。

ぶんしんのじゅつも！

たからもののかくしばしょも！

▶ほかの人にわからないよう、秘密の暗号で隠されているかもね。

▶じゃあ、みんなも忍者になったつもりで、秘密の絵巻物をつくってみよう！

▶まずは、くるくる巻いた紙の端からペンで描いていこうね。

▶紙が足りなくなったら、のりではってつないでいくといいよ。

▶描けたら、筒に巻き付けて、絵巻物をしあげていこうね。
→活動の内容や流れを伝える

START

1 長い紙に描く

黒の油性フェルトペンで描いていき、水性フェルトペンやコンテで着色していきます。

長くつないだ紙は巻いて洗たくバサミで留めています。

2 巻物をつくる

絵が描けたら両端に和紙をはり、片方にひもを付け、もう片方にはラップの芯を巻き付けます。

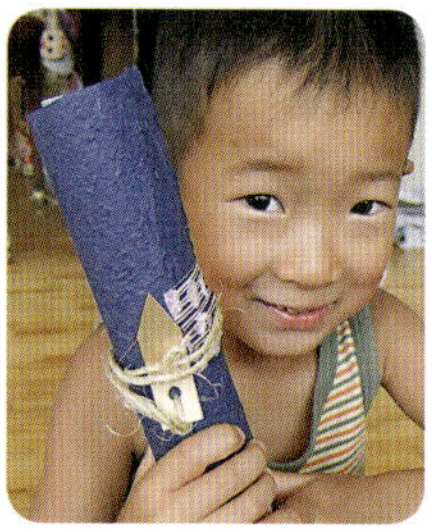

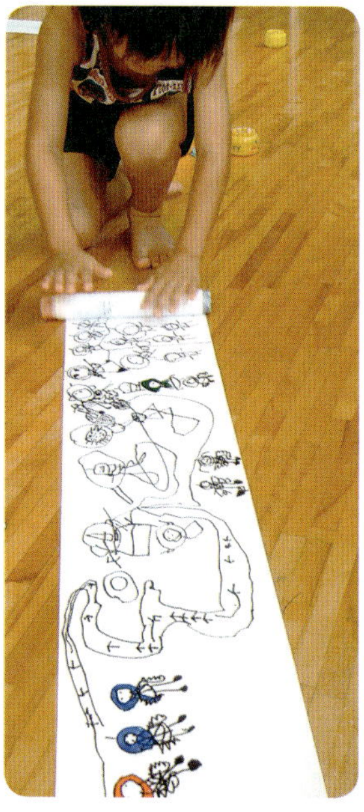

くるくるまいていくよ。

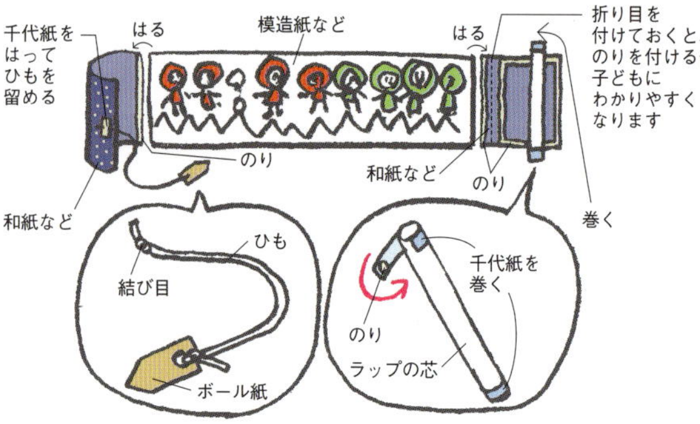

活動のPoint　★のりではってどんどん長くつないでいくと楽しいですが、つなぐことが楽しすぎて、絵が乱雑にならないよう、ていねいにゆっくり描くよう言葉をかけましょう。

★一人一人の描く紙が長くなると、広いスペースが必要となります。子ども同士譲り合いながら、互いの絵を大事にできるように配慮していきましょう。長くなった分は巻いていき、その部分を洗濯バサミで留めていってもいいですね。

★巻いたり広げたりしながら、子ども同士の会話が弾むような保育の進め方もいいですが、ひとりでじっくり夢中になって描いている子どもにも配慮し、一人一人に合った保育環境を整えられるよう、心がけましょう。

もぐらのおばけがでてきて、にんじゃたちはおおさわぎ！ とけいをみているにんじゃがいて、じかんになったらしゅりけんのれんしゅうがはじまるんだよ。

にんじゃのひっさつわざ！ しゅりけん、しゅっ！ しゅっ！

にんじゃのおへや。

綿にコンテの粉を付け、くるくる回しながらぬりました。もくもくと煙が出ているようですね。

にんじゃがおうちにかくれているよ。おてんきははれ！ あめ！ ゆき！ それから……。

フェルトペンだけで、どんどん描き進めていきました。まだまだ続きがありますが、この先は秘密です。

みんなにわからないむかしのむずかしいもじで、ひみつのことがかいてあるんだよ。

ぶんしんのじゅつで、どんんどんふえているんだよ。1、2、3、4……。

数え切れないくらい、いっぱいです。聞いている友達の顔も真剣！

じゃ〜ん！ かんせい！

カラフルでかわいい忍者たちの集合です。

AUTUMN

秋 つくって はって 描いて

色画用紙で人物、乗り物、動物などをつくり、画面にはります。これをきっかけにイメージを膨らませ、お話づくりを楽しみながら描いていきます。

用意するもの

- 色画用紙（ハツ切またはその半分サイズ）…人物、乗り物、動物などをつくる。
- 白画用紙（四ツ切）…つくったものをはって、絵を描く。
- のり　●ハサミ
- フェルトペンまたはパス
- 絵の具
- 手ふき

活動のPoint　★人物や乗り物、動物など、はるものは事前につくっておいてもいいですね。

導入のことばがけ例　子どもが描き出す！ヒントとコツ

●自分をつくろう

▶色画用紙を使って、自分をつくりましょう。

▶どんなお洋服を着せようかな？

●はって描こう

（つくったものを画用紙の上に置き）

▶みんなていねいにつくったね。

▶これを画用紙にはって、周りにお絵かきをしようと思います。

→活動の内容や流れを伝える

▶みんなは、何をしているところかな？

→発想を引き出す

はっぴきておまつりにいったんだよ。

▶かっこいいね！　お祭りには、いろんな夜店が出ていたね。

キンギョすくいや、おめんやさん。

わたしは、おひめさまをつくったの。

ぼくはたんけんたい！

▶どんな絵にするか決めたら、つくったものをのりではって、ペンで描いていこうね。

▶絵の具も用意しておくから後で色もつけていこうね。

→活動の内容や流れを伝える

START

1 つくる

画用紙を使って人物や動物、乗り物などをつくります。

2 のりではる

①でつくったものを四ツ切画用紙にのりではります。

紙の縁にのりを付け、真ん中辺りにも少し付ける。

活動のPoint　★のりを付けすぎると、画用紙の上にはみ出し、ペンがかすれる原因になります。付けすぎないよう、ことばがけをしましょう。

3 フェルトペンやパスなどで描く

はったものをきっかけに、イメージを膨らませ、描いていきます。

活動のPoint　★絵の具での着色は急がず、ペンやパスでゆっくりていねいに描けるような環境づくりを心がけましょう。

4 絵の具で色をつける

はっぴをきて、
おまつりに
いったよ!

お祭りがとても楽しかったようです。人物をはった後、黒の油性フェルトペンでていねいに描いていき、水性フェルトペンや絵の具で着色しました。

鬼

おにはそと
ふくはうち。

ぼく、おみずやりのおとうばんをしたよ。
ウサギさんやクマさんもおてつだい。

日常生活と空想の世界がいっしょになって、楽しいお話が展開しています。

人物

じゃあ、ぼくは
おうじさま!

ふたりでお話しながら、
仲よく描いていきました。

おひめさまになって、
おしゃれして、おでかけ!

乗り物

きょうりゅうにあいに
いったよ!

色画用紙で乗り物をつくりました。どこにでも行ける不思議な乗り物です。

動物

ゾウさんがようちえん
にあそびにきたよ!

色画用紙でつくったゾウの配色がとてもきれいです。

AUTUMN

秋 コラージュ版画「ライオン」

紙の上にいろいろな素材を組み合わせてはり、版画インクをつけて写します。素材の組み合わせを工夫し、写ったときの驚きや写す楽しさを味わいましょう。**（P.110・111「版画」を参照）**

用意するもの

- **台紙**（画用紙・ケント紙・ボール紙など）
- **はる素材**（ケント紙や画用紙などの紙、片段ボール、木の葉、レース、布、プチプチシート、アイスの棒、アイスのスプーン、毛糸、ネット、シールなど）

※表面に材質の特徴が表れるものがおもしろいでしょう。極端に厚みがあるものや、綿などの表面がはがれやすいものは適しません。

- **木工用接着剤**
- **新聞紙**
- **ぞうきん**
- **版画用インク**（水性）
- **ローラー**
- **練り板**
- **写し取るための紙**（版画紙、障子紙など）

導入のことばがけ例　子どもが描き出す！ヒントとコツ

（動物園への遠足や絵本など、ライオンに親しみを持ったことをきっかけに）

▶お父さんライオンには、りっぱなたてがみがあるね。

うん、とってもつよいんだよ！

▶その強〜いライオンを、つくってお絵かきしようか！

▶こんなのを用意したけど、たてがみにはどれを使おうか？

→構想を促す

はっぱ！　プチプチシートだ！

アイスのぼうがあるよ！

▶台紙の上にライオンの顔をつくって、その周りにたてがみをはっていこうね。

▶体や足、しっぽもどれでつくるか考えてね。

→構想を促す

あっ、かみからはみだしちゃった！

▶元気なライオンで、とっても強そう！

（木工用接着剤が乾いてから）

▶先生と一緒にインクをつけて写してみよう！

→活動の内容や流れを伝える

わ〜！！　うつった！　うつった！！

START

1 版をつくる

ケント紙を丸く切って顔をつくり、いろいろな素材を組み合わせ、台紙の上にはり、ライオンをつくります。

2 版画インクをつける

①にローラーでまんべんなくインクをつけます。インクをつけたら新しい新聞の上に置き直します。

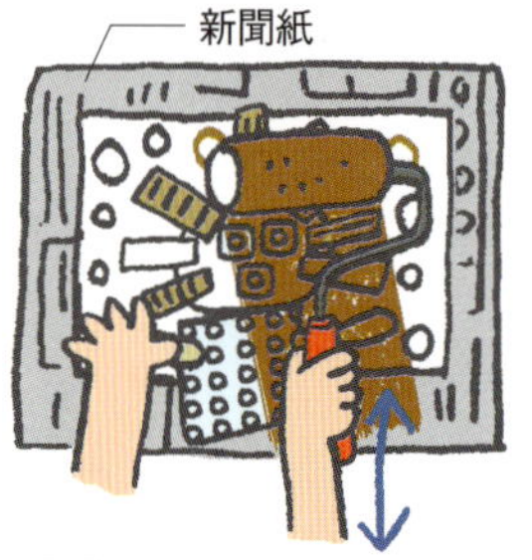

3 写し取る

②の上に、写し取る紙（版画紙、障子紙など）をかぶせ、上から手でこすって写します。

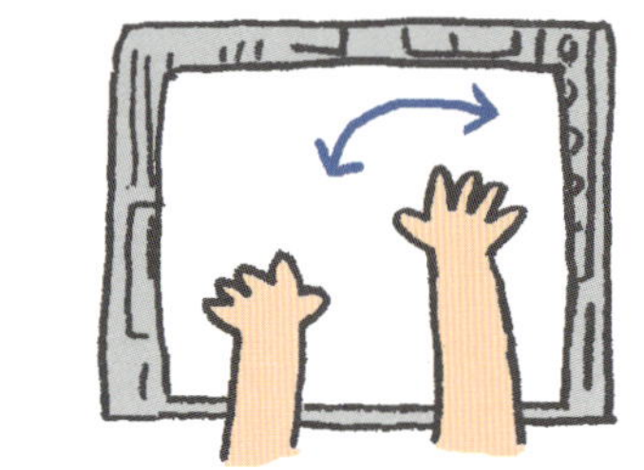

片手は押さえて、片手でこすります。

活動のPoint　★インクはむらなくつけましょう。均一にインクがつくように、ローラーを縦横に何度も転がして調整します。毛糸やプチプチシートなど、ローラーに巻き付きやすいものは、ていねいにゆっくりインクをつけるようにしましょう。

★子どもといっしょにインクをつけていきますが、しあげは保育者がていねいに調整します。

活動のPoint　★インクをつけて紙に写し取る、この瞬間の「うつった！」という子どもの驚きや喜びを大切にした保育となるように心がけましょう。

材料…ケント紙、片段ボール、アイスの棒、厚紙、シール、不要になったパズル

片段ボールでたてがみをつくりました。

材料…ケント紙、片段ボール、プチプチシート、アイスのスプーン、シール

展開例

その1 絵の具で色をつける

インクが乾いてから、絵の具で色をつけました。

材料…ケント紙、片段ボール、プチプチシート、厚紙

ライオンがシャボンだまをふいているよ!

毛糸でつくったたてがみがとても力強く感じられます。

材料…ケント紙、片段ボール、プチプチシート、アイスのスプーン・棒、シール、毛糸

その2 フェルトペンで描き加え絵の具で色をつける

インクが乾いてから、油性フェルトペンで描き、絵の具で色をつけました。

ごちそうもいっぱい!

材料…ケント紙、アイスのスプーン・棒、プチプチシート、ネット、木の葉

おともだちのライオンもやってきたよ!

材料…ケント紙、果物のネット、不要になったパズル、穴のあいた紙(書類などの端)、ネット

AUTUMN

秋 機関車に乗って しゅっぱ～つ！

墨汁の黒い色の美しさを感じながら、機関車の絵を描きます。真っ黒な墨色だけではなく、水を加えて濃淡の変化も楽しみます。ほかの描画材料も使って描いたり着色したりしましょう。（P.108「墨汁」を参照）

用意するもの

- **墨汁**…原液だけでなく、少し水を加えて濃淡をつくっておく。
- **油性フェルトペン**（黒）
- **コンテ、絵の具、カラーフェルトペン**など
- **画用紙**（四ツ切）…白または薄い色。
- **黒画用紙**（導入用に数枚）
- **ぞうきん**（二人に1枚ずつぐらい用意）

活動のPoint ★墨の濃淡は見た目だけではわかりにくいので、カップに印を付けておきましょう。

導入のことばがけ例　子どもが描き出す！ヒントとコツ

（黒の色画用紙を動かしながら）
▶ガッタン、ゴットン、ガッタンゴットン……。

あっ！　きかんしゃだ！

（壁面などに黒の色画用紙をはりながら）
▶そう、みんなのところに機関車がやってきました！
→興味・関心を誘う

▶でも、何かが足りないね？

けむりがでてくるえんとつ！
しゃりんやせんろもいるよ！

▶機関車には何を乗せて走ろうか？
→イメージを膨らませる

プレゼント！　くだもの！　おともだちをのせるの！

▶じゃあ、この機関車を、墨で描いてみよう。
▶真っ黒な墨とちょっと薄い墨があるから、両方使ってみてね。薄い色の墨のカップには印を付けておくからね。
▶カップの縁で筆をゴシゴシして、ポタポタ落ちないようにしてから、そっと持っていこうね。（P.104 参照）
▶機関車が描けたら、ペンで描き加えていこうね。
▶できたら、色をつけていこう。
→活動の流れを伝える

START

1 墨汁で描く

墨汁で線を描いたり、面をぬったりしながら、機関車を描いていきます。

墨汁の濃淡を生かしながら、筆でていねいに描いています。

2 油性フェルトペンで描く

自分なりにイメージを膨らませ、黒の油性フェルトペンで描いていきます。

→

3 色をつける

コンテや絵の具、カラーフェルトペンを使って、色をぬったり描いたりしていきます。

→

活動のPoint ★コンテを使えば墨汁で黒くぬった面の上にも描くことができます。

きかんしゃにプレゼントをのせて、くばっているところだよ。

くだものれっしゃが、ガタンゴトン……。はっしゃで〜す！

絵の具を使って色をぬっています。

おはなばたけのなかをぼくのれっしゃがいくよ！　くだものをたべたり、ジュースをのんだりするへやがあるんだ！

カラーフェルトペンで色をつけています。

おおきなしゃりんがついているんだ。

濃い墨汁の上には、白色のコンテが映えて見えます。また薄い墨汁の上にはペンで描くこともできます。

にもつもいっぱいつんではしっているよ。

墨汁の線で描いたところにはペンで人物を描き加え、黒くぬった面の上にはコンテで描いています。

せんろには、ちいさいいしが、いっぱいしかれているんだよ。

雲を水色のコンテでしっかりぬり、指先でこすりました。その指先に付いたコンテの粉を隣の雲にぬって、水色のコンテの濃淡をつくっています。

えきにはいろんなはたらくくるまもやってきて、みんなでうみにおでかけするんだ！

自分なりにイメージを広げ、物語をつくりながら楽しそうに描いていきました。

AUTUMN 秋

スクラッチカードをつくろう!

子どもたちはカードを集めるのが大好き。スクラッチ（ひっかき絵）の技法を使って、カードづくりを楽しみましょう。ポケットアルバムを用意すれば、夢中になって何枚も描いてくれるはず。

用意するもの

- パス
- カード（8×10cm くらいの白画用紙）…たくさん用意する。
- 割りばし…危なくないよう、半分に切って短くし、片側を鉛筆削りで細くする。 ※とがらせすぎないように注意しましょう。
- ティッシュペーパー
- ポケットアルバム

活動のPoint ★机はビニールシートなどで覆っておくといいですね。
★活動が始まる前に、パスは薄い色と濃い色に分けておくといいでしょう。
★削り取ったパスはティッシュペーパーでふき取り、床に落とさないように言葉をかけましょう。

導入のことばがけ例　子どもが描き出す！ヒントとコツ

（黄色と赤をぬり重ねたカードを見せながら）
▶ちょっとここに、おはしで描いてみるね。
→興味・関心を誘う

わ～！　きいろがでてきた！
あかのしたにきいろがかくれてる！

▶今日は、色のかくれんぼうですてきなカードをつくってみましょう。
▶まずは、１つめの薄い色をしっかりぬって……。
（色をぬるところを見せながら話す）
▶つぎに、２つめの濃い色を重ねてぬって……。

かくれた！　かくれた！

▶じゃあ、おはしでかいてみるね。
→活動の内容や流れを伝える

いろがでてきた！

▶ていねいに絵や模様を描いて、すてきなカードをつくろうね。
▶おはしに付いたパスは、ティッシュでふき取りながら描いてね。
→活動上の注意を促す

START

1 薄い色のパスをぬる

周りを少し残して四角に枠を取り、その中をしっかりぬっていきます。（ピンク、水色、黄、黄緑など）

活動のPoint ★初めにぬる色は薄い色あいのもの、上にぬり重ねる色は濃い色あいのものがきれいです。

2 濃い色のパスをぬり重ねる

①でぬった色の上に、濃い色あいのパスをぬり重ねます。（赤、青、緑、紫、茶、黒など）

3 割りばしで描く

色をぬった上を、割りばしで削るように絵を描きます。割りばしのとがったほうで描くと細い線が、反対側で太い線が描けます。

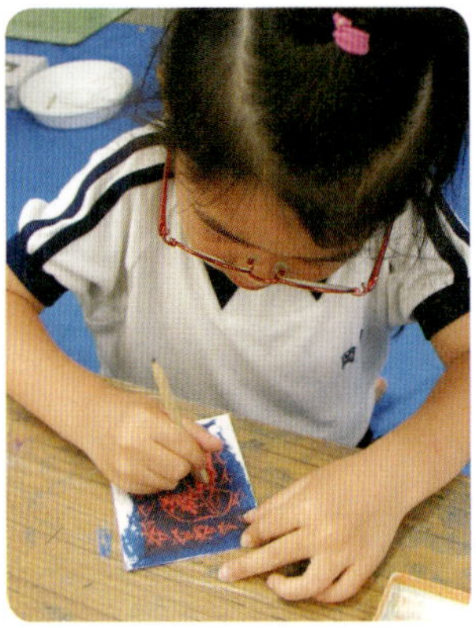

活動のPoint ★単なる技法の伝達や指導に終始するのではなく、技法遊びの中で、子どもたちが材料のおもしろさや描く楽しさに気づいたり感じたりできる活動になるよう心がけましょう。

下の絵が出てくるおもしろさに夢中になって削っています。パスのふたを使って薄い色と濃い色の色分けをしておくと便利ですね。

展開例

ポケットアルバムにとじれば、ステキなカード集に

AUTUMN

秋 ポップアップカードをつくろう

飛び出すカードのしくみを知ろうと、子どもは開けたり閉じたり興味津々です。自分たちでつくって描いて楽しいポップアップカードをつくりましょう。

用意するもの

- 画用紙
  - ・八ツ切の半分サイズの白と薄い色の画用紙を各１枚
    …どちらか１枚を台紙にする。
  - ・約 10cm ×6cm のものを１枚
- フェルトペン
- ハサミ　●のり　●手ふき

導入のことばがけ例　子どもが描き出す！ヒントとコツ

（ポップアップカードを用意し、期待を持たせながら）

▶カードをそっと開くから、見ててね。

→興味・関心を誘う

わ〜！　えがとびだしてきた！

すご〜い！

▶今日は、こんな飛び出すカードをつくろうね。

▶まずは、飛び出すカードのつくり方をお話するよ。

（①のカードのつくり方を伝える）

▶この飛び出すところに、何を描こうかな？

→イメージを膨らませる

おともだち！　くるま！

うさぎ！　おうち！

▶じゃあ、この小さな紙に描いて、のりではったら、周りにもいろいろ描いていこうね。

→活動の内容や流れを伝える

START

1 ポップアップカードをつくる

つくり方は、下のイラストを参照。

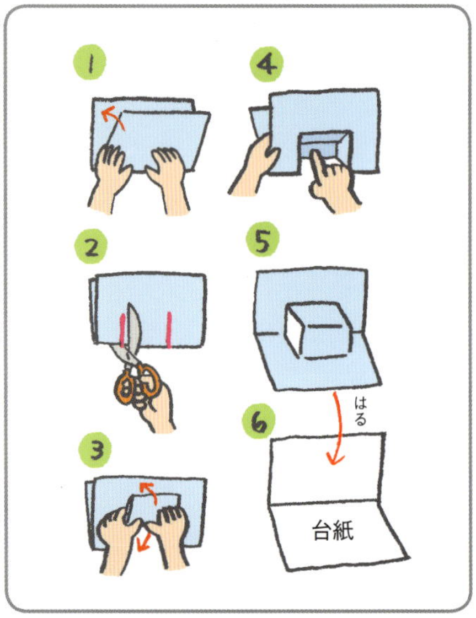

2 フェルトペンで描く

絵を描いた小さい紙をポップアップカードの飛び出すところにはり、イメージを膨らませて周りにも絵を描いていきます。

みてみて！　どうぶつたちの
おうちにあそびにいったよ。

お友達と一緒におしゃべりしながら。

活動のPoint

★子どもは、少し難しいことにチャレンジするのが大好きです。ひとつひとつていねいに指導することで、「できた！」という達成感に結び付くといいですね。

★子どもの「やってみよう！」という意欲を支えるためには「困ったらいつでも先生が助けてくれる」という安心感も必要です。一人一人の子どもに応じて、難しすぎるようなら手伝いながら一緒に進めましょう。

★年齢によっては、保育者が飛び出すカードをつくって用意してもよいでしょう。描く活動だけでも楽しく取り組めます。

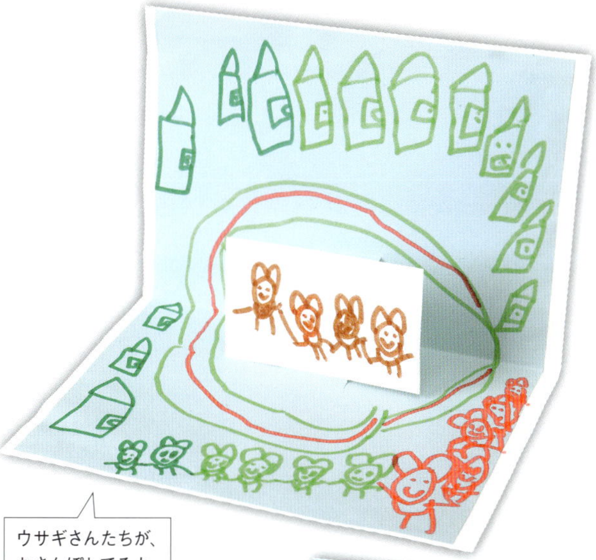

ウサギさんたちが、
おさんぽしてるよ。

バスにのって、
おでかけ!

おはながいっぱい
さいたよ。

ウサギさんとおてて
つないで……。
みんななかよし!

せんせい、みてみて!

かぞくみんなで、くるまに
のってうみにいったんだ。

でき上がったカードを見せながら、「せんせい、あのね……」 子どもも保育者も、とても楽しそう!

カードを閉じると…

こうえんにいってあそんだよ!

カードを閉じて、表にも絵を描きました。

AUTUMN

秋 絵本をつくろう!

子どもたちは、絵本や物語に親しみ、想像する楽しさを味わいます。自分でお話をつくったり、イメージしたものを絵に表したり、世界にひとつしかないオリジナル絵本づくりを楽しみましょう。

用意するもの

- 絵を描くための本
  ※保育者が用意してもよい。右のイラスト参照。
- 色画用紙…主人公をつくる。
- フェルトペン、色鉛筆など
- ホッチキス
- ハサミ
- のり
- セロハンテープ
- 手ふき

〈本のつくり方〉

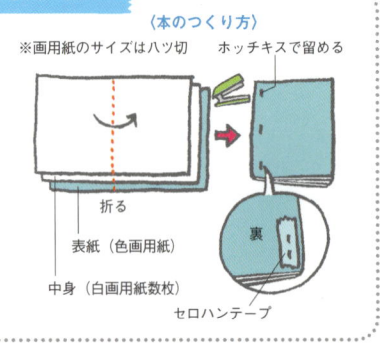

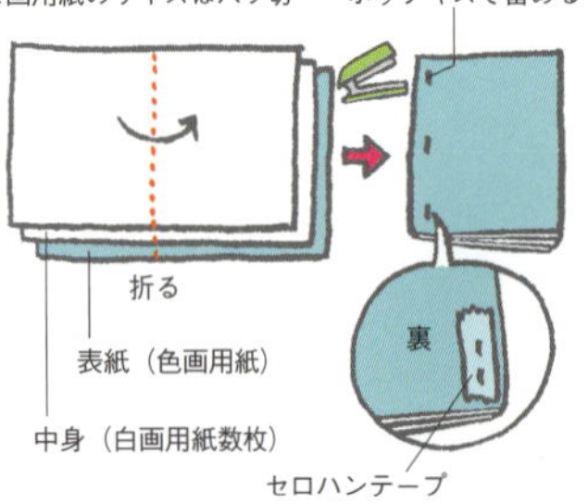

導入のことばがけ例 / 子どもが描き出す! ヒントとコツ

▶世界にひとつしかない絵本を作ろうと思うんだけど……。
▶みんなは、どんなお話がいいかなあ?
└＞発想を促す

たんけんのおはなし!

▶だれがどこに探検に行くのかなあ?
└＞発想を促す

ライオンがね、うみのなかにいくの!
そしてさかなやたことおともだちになるの!

わたしは、おひめさまのおはなし!

おたんじょうびをみんなでおいわいしているの!

▶じゃあ、まずは主人公を決めて、色画用紙でつくろうね。
▶それからお話を考えて、ホッチキスで留めた本の中に絵を描いていきます。
▶ペンで全部描き終えたら、色鉛筆で色をぬっていこうね。
▶描き終わったら、表紙に主人公をはって、きれいに飾ってあげよう。
└＞活動の内容や流れを伝える

START

1 主人公をつくる

色画用紙を使って主人公をつくります。

活動のPoint ★穏やかで落ち着いた表現活動の中で、言葉の美しさや言葉で表すことの楽しさに気づくことができるといいですね。子どもの話に耳を傾け、一人一人ていねいにかかわるよう心がけましょう。

2 フェルトペンで描く

お気に入りの主人公を見ながらイメージを膨らませて、本の中に物語を描いていきます。

3 表紙に主人公をはる

描き終えたら、①でつくった主人公を表紙にはって飾ります。

活動のPoint ★①でつくった主人公を側に置いておくとイメージを広げやすくなるようです。主人公を見ながら描き進めるといいでしょう。★実際にお話を語りながら描くといいでしょう。言葉にして表現することと描いて表現することを同時に楽しめます。想像したことを言葉に表す楽しさと、それを絵に表し創造していく楽しさが味わえるようにしましょう。

展開例

本屋さん

本物の絵本売り場のように、つくった作品を並べます。ほかのお友達と作品を見せ合てお互いに楽しみます。

活動のPoint ★絵本に文章を入れないことが、伝えたい内容を自分で話すきっかけになっています。オリジナル絵本を通し、子ども同士でやりとりを楽しめるようにしましょう。また、絵本を見ながらじっくり子どもの話を聞くように保護者にも伝えたいものです。

みいちゃんのはじめてのおつかい

①
今日は、みいちゃんの初めてのおつかいです。バッグとメモを持って、「いってきま～す！」

②
パン屋さんに到着。「どれをかえばいいのかなあ？」困ったみいちゃんは、メモを見て、「おはなのかたちのパンをください！」

③
みいちゃんがおうちに帰ると、お母さんが心配そうに待っていました。「おいしそう！　おかあさんがぜんぶたべちゃおうかな？」「だめー！　みいちゃんもたべる」

④
最後のページです。発行の書店名に園の名前を入れたりしてもいいですね。

ライオンのおはなし

ライオンとユナと妹のサナとママはお散歩に。ライオンとサナがいつの間にかいなくなってしまいました。

ユナとママは、ハトの背中に乗って探しに行きました。やっとふたりがいるところに着きました。

でも、ハトは女王様に捕まってしまいました。お花畑で見つけた宝石をハトにあげると、力が出て逃げることができました。

ゾウとネコのおかいもの

お話のはじまりはじまり！　ゾウの親子がいました。

ネコがゾウの親子を連れてお買い物に出かけました。とってもおしゃれなお店が見つかりました。

「たいへんだ！　あめがふってきた！」大急ぎで家に帰り、今度は車に乗って出かけました。

うちゅうにいくおはなし

はやと君、かいと君、りき君は仲よし３人組。

「よるになったらロケットにのって、うちゅうにいこう」とパパが言いました。３人は大喜び。

いよいよロケットに乗りこんで出発！　月に着くとポヨンポヨンはねて遊びました。

WINTER 冬

サンタクロースの国では……

子どもたちが心待ちにしているサンタクロースを題材に、イメージを広げて絵を描きます。まずは、サンタクロースのイメージカラーの赤のパスだけで描いて、その後に絵の具などで色をつけていきます。

用意するもの

- パス（赤）
- 絵の具…パスをはじく程度の濃度に溶いておく。
  - ・雪の色｛白画用紙を使用する場合→白を混色した淡い色／色画用紙を使用する場合→白
- 画用紙（白、または薄い色）
- 筆
- ぞうきん
- ペープサート（導入用）

導入のことばがけ例　子どもが描き出す！ヒントとコツ

▶12月になるとみんなの楽しみにしているクリスマスがやってくるね。

うん！　とってもたのしみ！

▶今ごろサンタの国では大忙しだろうね。子どものサンタもお手伝いして、みんなのプレゼントを一生懸命用意してくれているかな？
（ペープサートを見せながら話すとイメージしやすいでしょう。）

→イメージを膨らませる

プレゼントにリボンをかけているところかなぁ。

トナカイのおせわもしないといけないし、
おおいそがし！

▶じゃあ、そんなサンタの国を描いてみよう。
（赤のパスを見せながら）

▶今日は、サンタの色の赤だけを使って描いてみようと思うんだけど……。

ツリーはみどりいろだよ？

▶じゃあ、赤い線で描いておいて、後で緑の絵の具をぬったらいいね。

→活動の内容や流れを伝える

▶ほかにも、いろんな色の絵の具を用意しておくね。

START

1 赤いパスで描く

サンタの国をイメージして赤のパス１本だけで描いていきます。

活動のPoint　★パスは、線を描いたり、面をぬったりすることができます。サンタの帽子や洋服など、パスで面をぬるときは、しっかりぬるよう指導しましょう。

2 絵の具で色をつける

赤いパスで描いた後に、絵の具で色をつけていきます。

活動のPoint　★パスで描き終わってから絵の具で色をつけるという流れを、絵の具を出すタイミングで図ってもよいでしょう。

★「筆を使うときのお約束」は、P.104を参照してください。

活動のPoint　★色を自由に使って表現する楽しさや美しさは、子どもの絵の中にたくさん見られます。しかし、違う色のパスを選ぶ際に色に惑わされたり、描くことに対する集中力がそがれたりする場面を目にすることもあります。ここでは、パスの色を１色に限定することで、お話づくりに集中して描くことができるよう配慮し、サンタクロースのイメージカラーの赤を使いました。ほかにも、「魔女」をテーマにして黒１色に限定して描くなど、テーマに応じて色を決めてもよいでしょう。（P.106「パス」を参照）

トナカイがおふとんをかけてねているよ。おそとには、プレゼントをくばるサンタたち。

白画用紙なので、雪を淡いピンクで表現しました。

1かいでは、サッカーをしていて、3かいにはプレゼントがいっぱい! 5かいはトナカイさんのへや。

絵の具で慎重に色をぬっていきました。お話をいっぱい聞かせてくれました。

プレゼントをまちがえないよう、ふうせんにおてがみをつけているの。

パスでも絵の具でも描いたりぬったりを楽しんでいます。

みんなにくばるプレゼントがいっぱい! きれいにかざっているの!

藍色の絵の具をぬって、夜空を表現しています。

ピンクの色画用紙なので、雪を白で表現。白以外の絵の具はまったく使わず「できた!」と大満足。赤、ピンク、白の組み合わせがシンプルできれいです。

えんとつからけむりがもくもく……。

雪は、パスで描いてから、絵の具でぬりました。

3歳児

WINTER 冬

コンテのフワフワウサギ

コンテの特徴を生かし、フワフワのウサギを描きます。コンテの感触を楽しみながら、線を描いたり面をぬったり、ぬったところをこすったり……。柔らかく優しい雰囲気を楽しみましょう。（P.107「コンテ」を参照）

用意するもの

- コンテ
- **色画用紙**…コンテが映えるよう、赤・青・緑・紫など濃い色のものを用意する。
- **綿**
- **ペープサート**（導入用）…ウサギや帽子、靴下など。

活動のPoint ★ペープサートは描くきっかけとなるものをつくっておきますが、それらをもとに子どもたちの発想がどんどん広がっていくような導入やかかわりを心がけましょう。

子どもが描き出す！ 導入のことばがけ例 ヒントとコツ

▶今日は、このコンテを使って絵を描こうと思います。
（コンテの使い方を見せながら）
▶コンテは、ゴシゴシぬったらいっぱい粉が出るんだよ。
▶この粉を指でそっとなでるようにこすると……。
→興味・関心を誘う

わあ！　フワフワだ！

▶そうだね。このコンテを使って、フワフワのウサギさんを描いてみよう。
（ペープサートを見せながら）
▶寒いからウサギさんに帽子をかぶせて暖かくしてあげようか。
→イメージを膨らませる

マフラーもつけてあげよう！　てぶくろも……
ブーツをはいておでかけするんだ！

▶まずは、白いコンテを用意するから、ウサギさんのまっ白い体はしっかりぬって、お母さん指でそっとこすってフワフワにしてあげてね。
→コンテの使い方を伝える
▶ウサギさんが描けたら、いろいろな色のコンテも用意するから、帽子や手袋をぬったりしてみようね。
→活動の内容や流れを伝える

START

1 白のコンテで描く

コンテでウサギを描きます。パスやクレヨンのように線を描いたり、面をぬったりします。

2 指でこする

ぬった後は、コンテの粉を指でこすり紙に定着させます。

お母さん指でゴシゴシ……。

3 色をぬる

白以外のコンテを使って、色をつけていきます。

活動のPoint ★コンテは、パスやクレヨンと同じく線で描いたり面をぬったりすることができますが、さらっとしていて粉っぽく、指や綿でこすることで、柔らかな雰囲気になります。また、指や綿に付いたコンテをぬり広げることで、濃淡ができ、表現の幅が広がります。
★パスやクレヨンと違い、水に溶ける性質があるので、ぬれた手では触らないようにしましょう。少々の汚れは気にせず、こすれたり汚れたりすることも特徴のひとつと考え、取り組んでみましょう。

おかいものにおでかけ！

しっかりぬったコンテを指でこすり、その指に付いたコンテで雪を描いています。

こどものウサギがエレベーターにのっているの。おかあさんウサギといっしょにおかいもの！

ウサギのかたちのおうちに、ぼうしのやねがついているの。ゆきがふってきてキラキラひかっているんだ。

黄色のコンテを指に付け、雪の上にぬっています。

きれいなゆきがいっぱいふってきたよ。さむさなんて、へっちゃらだ〜！

カラーのコンテをていねいに使っています。

コンテを横に寝かせてぬっていき、綿でこすりました。

いえのそとは、ゆきがいっぱい！

あったかいみみあてをして、おかいものにおでかけ！　おみせにはセーターやぼうしがうっているの。

アレンジ

雪だるま

ゆきだるまのクリスマスパーティ。プレゼントいっぱいもらっておおよろこび！

ゆきだるまのおうちにも、トナカイがやってきたよ。

ゆきだるまのクリスマスパーティ。きれいなはなびがあがったよ！

WINTER

冬 ケーキで、パーティ!

子どもたちの大好きなケーキをテーマにイメージを膨らませて楽しく描きます。少し濃いめに溶いたトロトロの絵の具を、ぬり広げたり、重ねてぬったり、感触を味わいながら描きましょう。

用意するもの

●**絵の具**…少し濃いめに溶いておく。(P.102「濃度」を参照)
(例)・クリームの色…白、薄いピンクなど
・チョコレートの色…茶
・フルーツなどの色…赤、黄、橙、緑、紫など
●**パスまたはクレヨン**　●**ぞうきん**
●**色画用紙**(四ツ切)
(例) やまぶき、橙、水色、ピンク、薄い紫、薄い黄緑、グレーなど
●**筆**
・太筆…クリームなどをぬり広げるために使用する。
・中・細筆…フルーツなどを飾り付けるために使用する。

導入のことばがけ例　子どもが描き出す! ヒントとコツ

▶ケーキ屋さんに行くといろんなケーキがあるけど、みんなはどんなケーキが好きかなあ?
→興味・関心を誘う

イチゴがいっぱいのってるの!
いろんなフルーツがなかにいっぱいはさんであるの!

▶どんな形のケーキがあるかなあ?

さんかくのショートケーキ!
しかくやまるのおおきいの!
ロールケーキ!
けっこんしきのパーティで、だんだんにつんだせのたか〜いケーキもみたことがあるよ!

▶そうだね。パーティにはケーキが欲しいね。みんなはどんなパーティがいい?
→イメージを膨らませる

おたんじょうパーティ!
クリスマスパーティ!

▶じゃあ、ケーキをつくってパーティを開いているところを描いてみようよ。
(①、②を伝える)
→活動の内容や流れを伝える

START

1 絵の具で描く

白や茶の絵の具を生クリームやチョコレートに見立て、ケーキを描いていきます。イチゴやろうそくなども、絵の具で飾り付けます。

活動のPoint ★同時にすべての絵の具を出してしまうのではなく、まずはクリームやチョコレートの色を出し、ぬり始めたころを見計らってフルーツなどの色を足していきます。

活動のPoint ★絵の具は乾かないうちにぬり重ねることで、混ざり合う美しさや感触の楽しさを味わうことができます。
★絵の具の色は、生クリームの白やチョコレートの茶など子どもたちが見立てやすい色を用意します。しかし、用途を決めすぎず、一人一人の子どもの発想で自由に使えるよう幅を持った指導を心がけましょう。

2 パスで描く

ケーキが描けたら、イメージを膨らませてパーティーのようすなどをパスやクレヨンで描いていきます。

お友達と話し合いながらどんどんイメージを広げていきました。

家の外を画用紙より少し濃い黄色の絵の具でぬることで、柔らかな雰囲気の中でも画面が引き締まって見えます。

おおきなケーキ！チョコレートやフルーツものせて、ろうそくもいっぱい！

絵の具の感触がとても気持ち良さそうに描いていました。

なが一いストローでジュースをのんでいるの。

ケーキをたくさんつくって、サンタさんもうれしそう。

白色でぬったケーキの上に、フルーツの色をひと筆ずつていねいに置いていきました。

チョコレートケーキをつくって、ゆきだるまさんたちとパーティをしているの。

パスを使い、テーブルやイス、雪だるまをこまかくていねいに描いています。

トナカイさんにもケーキをプレゼント！

絵の具を使って、雪もていねいに描いています。

おともだちもやってきて、おいしそうだねっていってるの！

重ねた絵の具の混ざり合うようすに興味津々！

WINTER

冬 宇宙へだいぼうけん!

宇宙をテーマにイメージを膨らませ、お話づくりを楽しみましょう。一人一人が想像したことをもとに、楽しい描画活動に展開するといいですね。

用意するもの

- **白画用紙**（四ツ切）
- **油性フェルトペン**（黒）
- **水性フェルトペン**（カラー）
- **薄く溶いた絵の具**
  …青系（青＋紫、青＋ぐんじょう、藍＋ぐんじょうなど）を用意する。
- **宇宙をテーマにした絵本**（導入用）

（例）『3001年宇宙大ぼうけん』（偕成社）

導入のことばがけ例　子どもが描き出す！ヒントとコツ

（宇宙をテーマにした絵本などを読んだり、ニュースなどの資料を見たりして）

▶ロケットに乗ってみんなで宇宙に探検に行ってみたいね。

まあるいヘルメットみたいなのをかぶって、うちゅうふくをきるんだよ。

▶じゃあ、準備をして～。宇宙船に乗って発射！

▶宇宙ステーションには、どんなものがあるのかなあ。

→発想を引き出す

でんぱがビビ～ってでるアンテナがいっぱいあるんだよ。

▶宇宙の乗り物は、どんなのかな？

→発想を引き出す

でこぼこみちでもいける、ながいあしのロボットみたいなのが、えほんにのってたよ。

▶じゃあ、宇宙探検しているようすを、黒いペンで描いてみようね。

▶色は、後でカラーペンでぬろうね。

▶広いお空などをぬりたいときには、ペンではぬるのがたいへんだから、絵の具も用意しておくね。

→活動の内容や流れを伝える

START

1 油性フェルトペンで描く

宇宙へのイメージを膨らませながら、黒の油性フェルトペンでていねいに描いていきます。

活動のPoint ★ロケットの打ち上げなどのニュースに興味を持ったり、宇宙をテーマにした絵本に夢中になったり、子どもたちはまだ見たことのない宇宙に思いを巡らせます。一人一人の子どもが自分なりにイメージを広げ、想像力を発揮しながら描くことを楽しめる活動になるようにしましょう。

2 色をつける

細かい部分はカラーの水性フェルトペンで色をつけます。空など余白の広い面は絵の具でぬっていきます。

みんなちがって みんないい作品 子どものつぶやきがいっぱい!!

どうぶつたちも、うちゅうたんけんにしゅっぱつ!

カラーフェルトペンを使い、ていねいに色をぬっていきました。

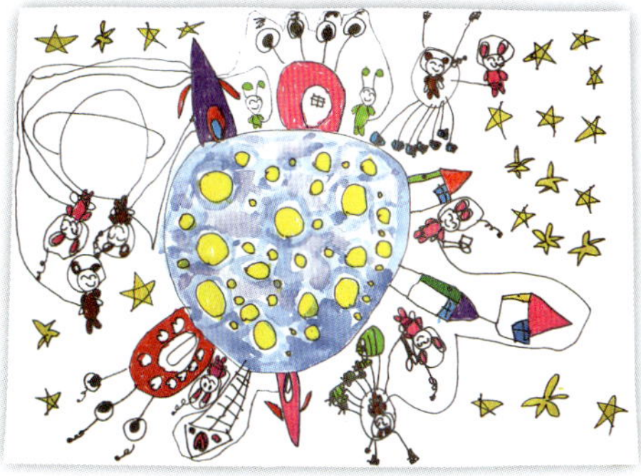

うちゅうのほしにとうちゃく!

丸い星の中を絵の具でぬっています。

うちゅうののりものにのって、おでかけ。

空を絵の具でぬっています。2色の絵の具が混ざり合ってとてもきれいです。

うちゅうステーションにみんながあつまってきたよ。

お話がいっぱい詰まった楽しい絵ですね。

うちゅうステーションでは、でんぱがビビ…ってでているの。

すっきりとした、すなおな絵です。

ロケットはっしゃ!

アンテナがいっぱい!

WINTER 冬

雪だるまとお友達

雪遊びや絵本をきっかけに、雪や雪だるまに興味を持つことでしょう。濃い色の色画用紙に白やパステルカラーの絵の具を使って、それぞれの雪だるまの世界をイメージして描きます。

用意するもの

- **絵の具**
  …白のほかに白が混色されたソフトな色あいのものを用意する。（P.103「色づくり」を参照）
- **パスまたはクレヨン**
- **色画用紙**
  …絵の具の色が映えるように、赤、青、紫、緑、藍など濃い色のものを用意する。
- **雪だるまが登場する絵本**（導入用）

（例）『ゆきだるま』（評論社）
『ゆきだるまのクリスマス！』（評論社）

導入のことばがけ例　子どもが描き出す！ ヒントとコツ

（雪だるまの絵本を読んで）
▶雪がたくさん降ると、楽しいね。

うん！　いっぱいふると、ゆきだるまやゆきのおうちをつくってあそべるんだよ。

▶雪だるまは、寒くないのかなあ？

ぼうしやマフラー、てぶくろもつけるからだいじょうぶ！

（「雪だるまはどんな遊びをする？」「どんな所に住んでいる？」などとやりとりを楽しむ）
→イメージを膨らませる

▶じゃあ、白い絵の具で雪だるまを描いてみよう！
▶帽子やマフラーを描くのにかわいい色も用意したよ。
▶顔を全部白くぬって目や口が描けなくなったらどうしたらいいかな？

ちがういろでめやくちをかいたらいいんだよ！

▶そうだね！　でも、絵の具がちょっと乾くまで待たないとね。

うん！にじんだり、よごれたりするもんね。

▶細かなところは、パスで描くといいね。

→描画材料の使い方を確認する

START

1 絵の具で描く

絵の具で、雪だるまなどを描いていきます。

まずは白の絵の具で雪だるまを描きます。

いろいろな色の絵の具を使ってマフラーや帽子などを描きます。

2 パスで描く

小さいものやこまかな表現はパスで描いていきます。

いろいろな色の絵の具を自由に使って描き、こまかな表現にはパスを使っています。

活動のPoint　★絵の具で顔を白くぬった場合は、乾いてから目や口などを描きます。目は黒、口は赤などといった概念的な色で描くよう指導するのではなく、自由に色を選べるようにしましょう。
★ピンクや水色など白以外の絵の具は雪だるまを描き出したのを確認してからタイミングを少しずらして出しましょう。

ゆきだるまのおうじさまがやきゅうをしているんだ。やきゅうぼうをかぶっているよ。

白い絵の具でぬった後、少し乾くのを待って、目や口などを描きました。

ゆきだるまにみみをつけると……。みんなのおはなしがきこえてきてね、あるきだしたよ。

絵本の中のお話に興味を持って描き出しました。

おおきいのはおとうさんゆきだるま！　おかあさんやこどもたちもいて、みんななかよし！

スーパーへおかいものに！　きれいないろのゆきがふってきたよ！

筆を立てて、筆先を使い、ていねいに描いていました。

きのえだで、てをつくったよ。ぼうしやマフラーをつけて、あったかそう！

おおきなゆきだるまがおでかけ。

パスで描いた雪の結晶がピカピカ光っているようです。

3歳児

パスは使わず、絵の具だけで描いています。太筆に絵の具をたっぷり含ませて、絵の具の感触を楽しみながら、気持ち良さそうに描いていました。

ゆきのくにはね、ゆきだるまがすんでいて、ゆきだるまのたまごもあるんだよ。

白で描かれた丸は雪だるまの卵です。

WINTER 冬

強い鬼さん、優しい鬼さん、かわいい鬼さん

墨汁の黒い色の美しさを生かしながら、日本の昔話の鬼などをテーマに描いてみましょう。原液の真っ黒な色だけでなく、水を加えて濃淡をつくることで表現の幅も広がります。(P.108「墨汁」を参照)

用意するもの

- **墨汁**…原液だけでなく、少し水を加えて濃淡をつくっておく。
- **油性フェルトペン**(黒)
- **絵の具**…水を多めに入れ、薄く溶いておく。(P.103「色づくり」を参照)
- **画用紙**(四ツ切)
  …白または、ベージュなど少し渋めの色あいのもの。
- **鬼のペープサート**(導入用)
- **ぞうきん**

導入のことばがけ例 / 子どもが描き出す! ヒントとコツ

(ペープサートを見せながら)

▶この鬼さん、どんなところに住んでいると思う?

→イメージを膨らませる

おにがしま!

ももたろうがおにたいじにいったんだよ。

でも、せんせいのおにさん、なんだかやさしそうだよ。

▶そうだね。優しい鬼さんもいるかもね。

うん! いつもわるものばかりだといやだもの。

▶じゃあ、今日は、いろんな鬼さんを墨で描いてみよう。

▶この真っ黒の墨、見たことあるかな?

おにいちゃんがおしゅうじでつかってるよ。

▶そうだね。

▶真っ黒な濃い色の墨と薄い色の墨を用意したから、両方使ってみてね。

▶カップの縁で筆をゴシゴシして、ポタポタ落ちないようにしようね。

→活動上の注意を促す

(①~③を伝える)

→活動の内容や流れを伝える

START

1 墨汁で描く

墨汁の濃淡を生かしながら、筆で鬼を描いていきます。

活動のPoint ★墨汁は、衣類に付くと取れにくいので、スモックを着用するなどしてもいいでしょう。

2 油性フェルトペンで描く

小さなものやこまかい部分は、油性フェルトペンを使って描いていきます。

3 絵の具で色をつける

いろいろな色の絵の具で、ぬったり描いたりします。

活動のPoint ★墨の濃淡は、見た目だけではわかりにくいので、カップに印を付けておきましょう。

★難しい材料にチャレンジするときには、ゆっくりていねいに話をしたり、静かにそっと声をかけたりするなど、じっくり落ち着いて取り組めるようなかかわりを心がけましょう。程よい緊張感が、できたときの喜びに結び付くといいですね。

おにのおやぶんは、
おおきくてつよいねん！

おにさんが、かくれんぼしているよ。

墨汁の濃淡を生かしながら、描いています。

おにさんにこどもがいっぱいうまれたの。

墨汁で黒くぬった上に、白の絵の具で窓を描きました。

ほらあなのなかでおじいさんがやすんでいると、おにさんたちがおどりだしたよ。

なかよしのおにさんたちがみんなでダンスしているよ。

やまでおにたちがパーティしているよ。

おにのおやぶんと20にんのちいさなおにがいるの！ 1、2、3、4、5……。

ひとつひとつ数えながら話してくれました。

WINTER

冬

紙版画をつくろう「鬼」

紙で版をつくり、インクをつけて写します。この瞬間の「うつった!」という子どもの感動に共感しましょう。写し取ったものをきっかけに楽しい描画活動に展開するといいですね。（P.110・111「版画」を参照）

用意するもの

- **版をつくるための紙**…製図用ケント紙はきめが細かくインクを吸い込みにくいので、最適。不要になったカレンダーやポスターなどのつるつるした質感の紙でもOK。
  ※画用紙を使用する場合は、インクを吸い込みやすいのでインクの量を少し多めにしましょう。
- **版画用インク**（水性）
- **ローラー**
- **練り板**（お菓子の缶のふたや古くなったトレーで代用可能）
- **写し取るための紙**（版画紙や障子紙など）
- **新聞紙**
- **ぞうきん**
- **油性フェルトペン**（黒）
- **絵の具**
- **のり**
- **ハサミ**
- **手ふき**

導入のことばがけ例

子どもが描き出す！ ヒントとコツ

（もんでしわをつくった紙とそのままのきれいな紙を用意しておく）

▶みんながもんでつくったシワシワの紙といつものツルツルの紙を使って、鬼をつくろうと思います。

▶このシワシワの紙はどこに使えばいいかなあ。

→発想を引き出す

パンツにしたらいいよ！

モジャモジャのかみのけにもつかえるよ！

▶そうだね！

▶ハサミで切ってもいいし、手でちぎってもおもしろいよ。

せんせい、しろばっかりだとよくみえないよ。

▶今は白い紙だけでよく見えないけれど、インクを付けるととってもきれいに写し出されるからね。楽しみにしていてね。（①②を伝える）

→活動の内容や流れを伝える

▶鬼をつくったら、後でインクをつけて写そうね。

START

1 版をつくる

紙を切ったりちぎったりしながら組み合わせ、のりではって版をつくります。

活動のPoint ★紙版画には、紙でつくる楽しさと、インクをつけて写すという2つの楽しさがあります。ハサミで切る、手でちぎる、紙をもんでしわをつくる、重ねてはるなど、同じ紙でも変化をつけることで、いろいろな表現を楽しむことができます。

2 版画インクをつけて写す

活動のPoint ★紙でつくって版にインクをつけて刷る、この瞬間の「うつった！」という子どもの驚きや喜び、感動を大切にした保育を心がけ、子どもの思いに共感しましょう。

★子どもと一緒にインクをつけていきますが、しあげは保育者がていねいに調整します。

3 油性フェルトペンで描く

写し取ったものからイメージを広げ、ペンなどで描き加えます。インクが乾いてから取り組みましょう。

4 絵の具で色をつける

おっきくてこわ〜いおにさんが、こぶんをつれてまちにやってきたよ。

やさしいおにさん、だ〜いすき!

おにがおうちにやってきたよ。

アレンジ こんなテーマで取り組んでみました

動物

ゾウの鼻には片段ボール紙を使っています。

体には、もんでしわにした紙を使っています。

ネコのおやこ。

3歳児は

形から見立ててつくる版画も楽しいですよ。

偶然見つけた形から「ゾウ」をイメージし、足や耳を付け加えています。

かみなり

ケント紙と片段ボール紙を使って、「かみなり」をつくっています。

サンタクロース

ぼうしみたい!

残ったしわの紙からちょうどいいものを見つけ出したようです。

WINTER

冬 お顔の色をつくろう

コンテを横に寝かせてぬり、綿でこすってなじませます。色を重ねて同じように繰り返し、コンテの感触を味わいながら色づくりを楽しみましょう。思いどおりの顔の色ができたら、コンテを縦に持って描いていきます。

用意するもの

- **コンテ**
  - ・茶、黄土、白…混色して顔の色をつくる。
  - ・こげ茶、黒、赤、青、黄、緑、紫など…縦に持って描き加える。
- **綿**
- **白画用紙**（四ツ切）

導入のことばがけ例　子どもが描き出す！ ヒントとコツ

▶今日はこの３つの色のコンテを混ぜて、お友達のお顔の色をつくって、お絵かきしようと思います。
（子どもたちの前で、コンテの混色のしかたを見せながら）

▶コンテは横にペタンと置いて、まあるくグルグルぬってね。
→コンテの使い方を伝える

▶ぬれたら、綿でクルクル…優しくこするね。

わ〜、ふわふわだ！

▶色を変えて混ぜっこしてみよう！　またグルグル…。

▶混ぜたら、また綿でクルクル優しくこするね。

わ〜！　いろがまざってきれい！

▶また、もうひとつ混ぜてから、綿でクルクル…。

わ〜！　またいろがかわったよ！

おかおのいろができた！

▶次はコンテを縦に持って、目や髪の毛を描いていくよ。

▶お友達は何をしているところかな？
→イメージを膨らませる

▶お話をつくりながら描いてみてね。

START

1 顔の色をつくる

①茶、黄土、白の３色のコンテから１色を選び、横に寝かせて持ち、丸くぬり広げます。
②クルクル回すように綿でこすってコンテを定着させます。
③３色のコンテで①②を繰り返し、混色して顔の色をつくります。

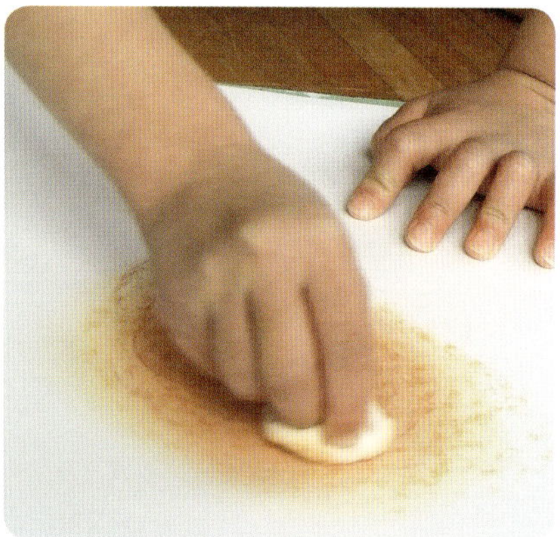

活動のPoint　★色の混ぜ加減によって微妙に異なる顔の色ができます。茶、黄土、白の３色をそれぞれ１回ずつぬってから４回目、５回目とぬり重ねていってもいいでしょう。また、茶と白など２色を混ぜるだけでも色づくりができます。子どもたちが混色に興味を持って色づくりを楽しめるようにしましょう。

2 髪の毛や顔などを描く

コンテを縦に持って描きます。

3 イメージを膨らませて描く

経験したことや想像したことをもとに、それぞれがイメージを膨らませ、自由に描いていきます。

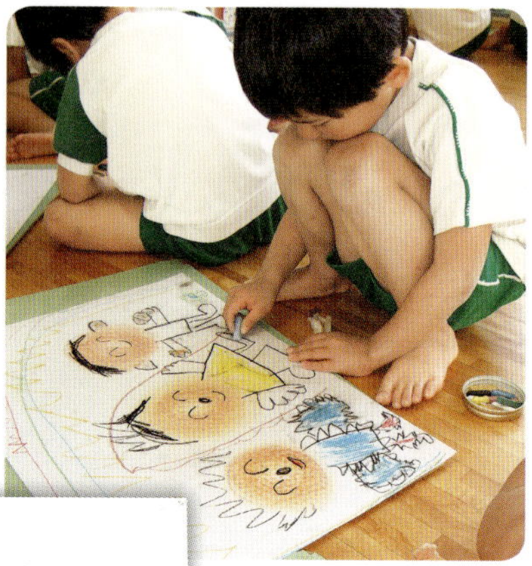

なかよし３にんぐみ。

おかあさんが
おむかえにきたよ。

おともだちたくさん
できたよ。

だいすき！　チュッ！

おともだちといっしょに、おとまりほいく、たのしかったよ。

周りはコンテを横に寝かせてぬっています。

なつやすみには、おともだちのおかおがひにやけてくろくなっていたよ。

とってもきれいなセーターをきているの。

なわとびのれんしゅう、
がんばっているの。

おいもほりに
いったよ。

WINTER

冬 きれいなお花が咲いたよ

種に見立てたおり紙をはって、絵の具で花を咲かせます。種のはり方を考えたり、自分なりに工夫して描いたり、のびのび生長する草花をテーマに、春を待ち望む気持ちを描きます。

用意するもの

- おり紙を切ってつくった種
  …種は、事前に子どもたちがつくっても、保育者がつくって用意しておいてもよい。
- 白画用紙（四ツ切）
- のり　●手ふき
- 絵の具　●フェルトペン
- ぞうきん

導入のことばがけ例　子どもが描き出す！ヒントとコツ

▶春になって暖かくなると、お花がいっぱい咲き始めるね。
▶みんながおり紙でつくったお花の種も、きっときれいなお花が咲くよ。
▶お花が咲いたらだれか遊びに来てくれるかなあ。
→イメージを膨らませる

むしやちょうちょがよろこんでいっぱいくるよ！
おはなのゆうえんちもつくったらたのしいよ。

▶じゃあ、どんなふうに種を植えていったらいいと思う？
→構想を促す

う～ん。ひとつずつならべようかなあ。

▶まっすぐ並べてもいいし、丸く並べても、四角く並べてもいいんじゃない？

わたしは、まあるいおはなばたけのまんなかで、おともだちとあそんでいることにする！
ぼくは、がようしのしたのほうにたねをうえるんだ！

（①～③を伝える）
→活動の内容や流れを伝える
▶じゃあ、どんな絵にするか考えてから種をはっていこうね。

START

1 おり紙の種をはる

おり紙を切ってつくった種をどのように植えるか、考えながら白画用紙にはります。

つちのなかのムシもかきたいから、すこしうえのほうにならべよう。

まあるいおはなばたけにするんだ。

活動のPoint　★種のはり方やはる場所などを自分で工夫できるよう、一人一人の思いを大切にしましょう。

2 絵の具で描く

種から育って、きれいな花を咲かせるようすを表します。

活動のPoint　★茎や葉っぱは緑、花は赤などといった概念的な色づかいを指導する必要はありません。子どもの自由な発想を尊重しましょう。

3 フェルトペンで描く

イメージを膨らませ、お話づくりを楽しみながら描いていきます。

ハチさんがあそびにきているの。

こまかな表現はペンを使い、ていねいに描いています。

おはながきれいだから、おともだちとふたりでつみにきているの。

丸い花壇を表すために、種を丸くはっています。

おみずをいっぱいあげたら、「きもちいい!」っておはながよろこんでるの。

花の周りを点々で囲い、お水をあげたことを表現しています。

つちのなかから、アリさんがぎょうれつをつくってでてきているの。

はっぱのうえにジャングルジムがあって、こうえんとゆうえんちがつながっているの。

自分なりにイメージを膨らませて描いています。

チョウチョとおそろいの、きいろいおはな!

土の茶色、葉っぱの緑、黄色い花といった配色にこだわり、描いています。

せまくてかけないから、ちいさいめがでていることにしようっと!

左端から花を描くうちに、描く場所が狭くなり、花がどんどん曲がっていきました。

知っておくとあわてない

保育者のための基礎・基本

1. 色の基礎知識

無彩色と有彩色

色を大きく分けると、無彩色と有彩色に分かれます。

無彩色とは、黒・灰色・白などの色みを持たない色で、明るさ（明度）の違いによって区別されます。

有彩色とは、赤・青・黄などの色みのある色で、有彩色を色みの似ている順に並べると、色の環（色相環）ができます。色相環の向かい合う色は互いに補色の関係にあり、これらの色を混ぜると、黒く濁ります。

無彩色

有彩色

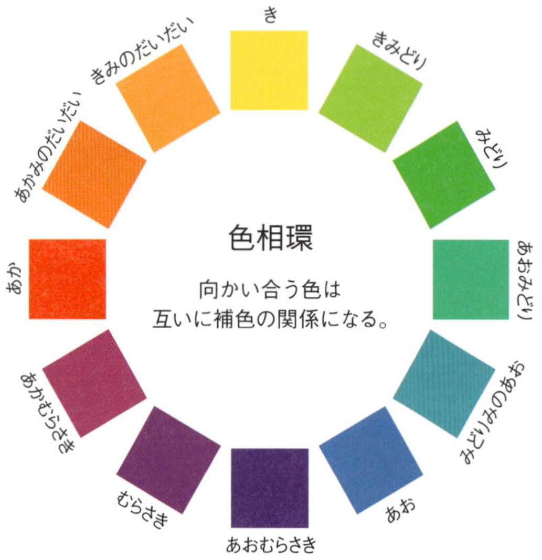

色の三原色

マゼンタ、シアン、イエローを色の三原色といいます。絵の具の色でいうと、それぞれ赤、青、黄が近い色にあたり、これらを使うことでほとんどの色をつくり出すことができます。ただし色を混ぜるほど暗くなり、黒に近づきます。

色の三要素（属性）

色には色相（色み）、明度（明るさ）、彩度（あざやかさ）の三つの性質があります。無彩色は明度だけで、色相と彩度はありません。

色相　赤みの色、青みの色などのように、有彩色の色みのことを色相といいます。混色によりさまざまな色みをつくることができます。

明度　明るさの度合いをいいます。
白を加えていくと明度が高くなり、黒を加えていくと明度が低くなります。

彩度　色のあざやかさの度合いをいいます。
絵の具では出したばかりの色がもっともあざやかで、混色すると多くは彩度が低くなります。
また、灰色を加えていくほど彩度が低くなります。

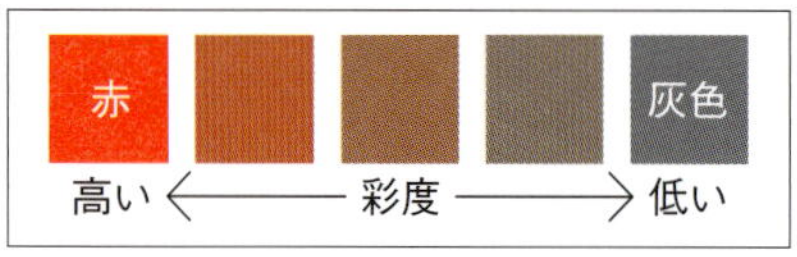

2. 色の組み合わせ

画用紙の選び方

子どもが描いた色や形が、美しく映えるような画用紙の色を準備しましょう。描画材料と画用紙の色をどう組み合わせるかが重要です。色画用紙の上に実際に描いてみるとわかりますが、同じ描画材料でも色によって見え方が違ってきますし、描画材料それぞれが持つ性質によっても見え方が変わるものです。子どもたちが使う前に必ず試してみてください。以下にその例を示します。

明度の違いによる見え方の差

黒画用紙に絵の具を使った場合

（見えにくい）低い ←―― 明度 ――→ 高い（見えやすい）

描画材料の違いによる見え方の差

濃い色の画用紙を使った場合（例：ぐんじょう色）

絵の具
水性フェルトペン
パス
コンテ

描画材料の特徴をよく知り、画用紙の色との関係によって生まれる効果を意識して選びたいものです。

濃い色の画用紙を選ぶ

濃い色、暗い色の画用紙に、薄い色、明るい色の描画材料を使うと、子どもの描いた形がはっきりと見えてきます。

コンテ

パス

絵の具

薄い色の画用紙を選ぶ

薄い色、明るい色の画用紙に、濃い色、暗い色の描画材料を使うと、子どもの描いた形がはっきりと見えてきます。

パス・絵の具

組み合わせる色の明度差を小さくするほど、描いた形はぼんやりとしてきます。絵の印象は少し弱くなりますが、柔らかな優しいイメージになったり、色同士の調和が取れやすくなったりする利点もあります。

絵の具・パス

白画用紙を選ぶ

描画材料の発色を重視するなら、白画用紙をすすめます。色が沈み込んだり、あざやかさを失ったりしません。

フェルトペン

薄い色の描画材料を選ぶと、優しい穏やかな印象に、濃い色の描画材料を選ぶと、力強いはっきりとした印象になるでしょう。

絵の具

絵の具・フェルトペン

色づくり・色の組み合わせの工夫

幼児が使う絵の具は、個人持ちのチューブ絵の具ではなく、保育者が溶いた絵の具を共同で使う形式が中心です。そのため、溶く人の色彩感覚や能力にも左右されがちで、保育者の力量が問われるところです。市販の絵の具の色をそのまま溶いて使用するのではなく、混色をしてより美しい色をつくってみましょう（P.103「色づくり」を参照してください）。また、ひとつの色の美しさだけでなく、それらを組み合わせることで色同士が響きあい、色の美しさが増すこともあります。色の組み合わせ方ひとつで、絵の印象も違ってきます。もちろん、用意する画用紙の色も重要なポイントとなってきます。

保育者がていねいな姿勢で取り組むことで、子どものかわいい絵が一段と引き立ちます。絵の具だけでなくパスやコンテなどほかの描画材料についても同様です。

例えばこんな組み合わせ

暖色系でまとめて

白画用紙に赤から黄色にかけての暖色系の絵の具を用いて描いています。

「かわいいロボット」（4歳児）　絵の具　パス

パスだけでなく、色画用紙も暖色系を選んでいます。

「雪だるまハウス」（4歳児）　パス

寒色系でまとめて

白画用紙に寒色系の絵の具でまとめています。青・藍・緑の3色の混色ですが、それぞれの分量の違いで、いろいろな色をつくっています。

「海へ行こうよ」（5歳児）　絵の具　フェルトペン

寒色系のパスを中心に描いています。部分的に入った赤や黄がアクセントになっています。

「運動会、バルーンがんばったよ」（4歳児）　パス

落ち着いた渋い色でまとめて

色画用紙もコンテも、茶系の渋い色を中心に使っています。同系色以外の青がところどころに入ることで、画面が引き締まっています。

「おむすびころりん」（５歳児）　パス

黒を加えた明度の低い色の絵の具を組み合わせて、白画用紙に描きました。渋い感じの色あいで調和しています。

「優しいおじいさんライオン」（４歳児）　絵の具　パス

柔らかく優しい色でまとめて

ゾウをイメージして、いろいろな灰色をつくっています。絵の具との明度差の小さい白画用紙を使うことで、柔らかな優しいイメージになっています。

絵の具　パス

「ゾウさんも暑いね」（５歳児）

うす水色の画用紙に、彩度の低い色のコンテを中心に使っています。画面全体の明度の差を小さくすることで、優しく落ち着いた色あいの調和が見られます。

「ホロンのお歌会」（５歳児）　コンテ

あざやかな色を組み合わせて

赤と緑の補色の対比があざやかです。補色の色の響き合いや対比の美しさを生かすために白画用紙を使っています。

「アオムシくん」（４歳児）　絵の具　パス

カラフルであざやかな色を使って描いています。白画用紙と組み合わせたことで、はっきりと色が浮かび上がって見えます。

絵の具　フェルトペン

「お花のたねまき」（５歳児）

3. 環境構成

画板の並べ方や描画材料を置く場所などを工夫し、一人一人の子どもの活動が楽しく展開できるようにしたいものです。

活動の流れや子どもの動線を考えて環境を設定しましょう。

例えばこんな環境構成

丸く輪になって

円形に画板を並べ、その中心に描画材料を置きます。画板の輪の中に入る人数は、準備物や子どもの状態に応じて、保育者が調整しましょう。描画材料を背にして外向きに座ります。

子どもが一度に描画材料を取りに行くと混雑するので、描き始めは順番を決めたり譲り合ったりといったルールをつくりましょう。

絵の具の色数をたくさん用意するときなど共同で材料を使うときに適しており、画面が汚れにくく描画材料も取りやすいです。

4人1組で

４枚の画板の中央に、４人分の共同で使う描画材料を置きます。絵の具や墨汁を使用する場合でも、使う色数が少ないときには、この方法をとるといいでしょう。少ない人数の活動となることで、じっくり落ち着いて取り組めるようです。

向かい合わせで

子ども同士が向かい合わせで並んで座ります。パスやペンなど、一人一人が自分の描画材料を持っている場合に適しています。

お友達のまねをしたり、子ども同士で教え合ったりと、互いに影響し合うこともあるようです。保育者はたくさんの画面を一度に見渡すことができるので、子どもの活動を把握しやすくなります。

横並びで

保育者に向かって画板を並べて座ります。パスやペンなど、一人一人が自分の描画材料を持っている場合に適しています。比較的周りからの影響を受けることが少なくなるので、子どもはじっくり取り組むことができます。

みんなで大きな紙に描く

床を広く使えるよう、絵の具の置き場所を数か所にまとめておきます。

小さい紙に繰り返し描く

活動の流れや子どもの動線にも配慮しましょう。

4. 導入とかかわり方

導入の工夫

導入は活動の説明や一方的な指示を行なうものではありません。表現の幅を広げるために必要とされる内容を指導したり、活動の流れを示したり、一人一人のイメージを膨らませたり、活動への期待感を高めたりするために行ないます。その中で、保育者が伝えたい内容と子どもに工夫してほしい内容を的確にわかりやすく伝えることが重要なポイントとなります。子どもと言葉のキャッチボールを交わしながら、子どもの思いを引き出し、一人一人の子どもがイメージを膨らませ、楽しく描画活動に取り組めるようにしましょう。以下に示した導入方法以外にもいろいろ工夫してみてください。

絵本や紙芝居を読んで

導入の中で絵本や紙芝居を読み聞かせ、それをテーマに描画活動に展開することもできます。心に残った内容を描いていきますが、視覚的にうったえるものがあるだけに描きやすいようです。その反面、絵本や紙芝居に描かれている一場面のイメージを固定化してしまい、自分なりのイメージを展開しづらくなることもあります。事前に読み聞かせをしておいたり、子どもたちが気に入って何度も読んでいるものを選んだりすると、物語について話し合うだけでもイメージすることができるでしょう。また、物語を忠実に再現することだけにとらわれず、それらをきっかけに、イメージを広げ自分なりのお話づくりに展開してもいいでしょう。

ペープサートを使って

登場人物などをペープサートでつくり、それを使って子どもと思いや言葉のキャッチボールを交わしながら、イメージを膨らませていきます。このとき、保育者が事前に考えていた内容だけでなく、子どもから出されたアイディアやイメージの広がりを取り入れながら、子どもと一緒に物語をつくっていくようにしましょう。子どもの発想力や創造力を培うことにつながります。

ペープサートはイラストなどを参考にして絵を描いてもいいですが、子どもの描画活動の発達のようすを踏まえ、子どもの表現方法をまねてつくるのもいいでしょう（P.50、P.72、P.74、P.82を参照してください）。

保育者がやって見せながら

材料の特徴や扱い方、技法などを指導したり、活動の流れを示したりするとき、言葉だけでは伝わりにくいこともあります。この場合、実際に子どもの前でやって見せ、視覚的に示すほうがわかりやすいでしょう。ただし、保育者が示すのは手本や見本といったものではありません。つまり、示したとおりの形や色で子どもに描かせることが目的ではないのです。導入をきっかけに子どもがイメージを膨らませ、自分なりの表現を楽しめるようにしましょう（P.16、P.32、P.52、P.74、P.86を参照してください）。

話し合いながら

生活の中での楽しい体験や印象に残ったことを、保育者や友達と話し合うことで記憶を呼び覚まし、楽しさやおもしろさを思い出しながら、描画活動に向かうこともできます。また、子どもが興味を持った社会での出来事や物語などをもとに話し合ったり、空想の世界でのお話を一緒につくったりすることで、互いにイメージを共有したり影響し合ったりしながら、それぞれの表現に向うこともできます。このとき保育者は、指導する立場ではなく、子どもたちの思いのやりとりを調整する役割を担います。

かかわり方のコツ

保育者と子どもが、互いに信頼し合い、喜びを共にする関係を築きましょう。そのためには保育者の思いを押し付けるようなかかわり方や、間違いをいちいち指摘して子どもを萎縮させてしまうようなかかわり方は避けましょう。以下に挙げる事柄に注意して、保育者の願いと子どもの思いがすれ違わないようにしたいものです。

● 一人一人の子どものつぶやきや思いを大切に受け止め、その子らしい表現や発想、工夫などに共感しましょう。保育者に受容され認められることで、子どもは安心して描くことができます。

● とまどっている子どもには、描くきっかけをつくってあげることも必要です。子どものようすから何に困っているのかを探り、子どもの気持ちに寄り添いましょう。ときには保育者と一緒に描いたり、友達のまねをしたりすることから始めてもいいでしょう。

● 子どもが描くことに夢中になっているときには、不必要なことばがけは控え、じゃまをしないようそっと見守ります。集中できる落ち着いた環境づくりを心がけることも大切な配慮です。一人一人の子どもが、自分なりのペースで活動を楽しめるようにしましょう。

● 難しい材料などにチャレンジするときには、程よい緊張感が生まれます。それだけに、できたときの喜びもひとしおです。導入ではゆっくりていねいに話をして、きちんと理解させるようにしたいものです。また静かにそっと声をかけるなど、保育者も落ち着いて子どもにかかわるよう心がけましょう。

子どもの描いた絵から、その子の思いを感じたり読み取ったりすることは、子ども理解を深めるためにも大切なことです。しかし、必ずしも子どもは名づけられるもの、意味のあるものを描いているとは限りません。何を描いたのか、意味を聞き取ったり説明を求めたりするばかりでは、かえって子どもの描く意欲を損ねることになりかねません。何をどのような形で描いたか、どんな色でぬったかということだけに目を向けるのではなく、描くという行為を楽しんでいる子どものようすから、その子が何に夢中になっているのかを感じたり理解したりして、子どもにかかわっていきたいものです。

5. 幼児画の特徴

幼児の描画活動では、生活の中で経験した楽しい出来事や絵本などの物語をもとに描いたり、自分なりにイメージを膨らませ空想したものを描いたりします。しかしこれらを分けて考える必要はありません。生活経験の絵や物語の絵の中でも、子どもたちは自分なりにイメージを広げ想像したものを描き入れることもありますし、空想の世界を表現した絵の中にも、実体験にもとづいたものがたくさん表現されます。どうしても大人は描くものを限定しようとしたり、経験や物語を画面上に再現することが描画活動だととらえたりしがちですが、子どもは独自のモノのとらえ方や表現を楽しむものです。

こんなふうに描く…子どもの絵のいろいろなパターン

子どもの描画活動の発達過程の中には、子どもならではの類型的なパターンが見られます。その代表的なものをいくつか挙げて紹介します。絵を見るときの参考にしましょう。

誇張表現（集中構図）

印象深いものや大切なものを画面に大きく描くことがあります。

レントゲン表現（透視構図）

外から見えるはずのない内部を透視したように描きます。

カタログ表現

知っているもの、描けるものを次々と思いつくままに描きます。

積み上げ表現

近くのものは下に、遠くのものはその上に積み重ねて描き、遠近関係を表現します。

展開図型表現（折半式構図）

天地の表現にこだわらず、道を挟んで対称に描いたり、テーブルの周りに人物を展開図のように描いたりします。

天地空間型表現（基底線）

基底線を描いて天地を分け、空間を表現します。

正面表現

体が横を向いていても、顔は常に正面向きに描きます。

擬人化（アニミズム）

いろいろなものに目や口などを描き、擬人化して表現します。

頭足人（頭胴足人）

頭（顔）に見える円形は胴体も含む未分化な表現で、そこから手足が直接出ているように描きます。

こんなことから始めよう！
子どもが楽しんで取り組める

絵あそび

遊びを通して描く楽しさを

保育の中での描画活動として、遠足や運動会などの行事があれば絵を描く、作品展があるから絵を描くといったような取り組み方をしていないでしょうか。また、「絵を描く」といえば四ツ切画用紙にいわゆる“作品”を描かせるということだけになってしまったり、技法を教えることが絵画の指導だと思ったりしていないでしょうか。そのような描画活動を本当に子どもが楽しいと感じているのでしょうか。

子どもが楽しんで描画活動に取り組めるようになるためには、まずは「絵あそび」を通して描くことに興味を持ち、その楽しさを十分に味わえるようにしましょう。

本来、子どもにとっての描画活動は、遊びの中のひとつとしてとらえられるべきものです。しかし、過剰な指導により不必要な緊張感を与えてしまうと、心も体も硬くなり、描くことの楽しさや喜びを味わうどころか苦痛にさえなりかねません。この場合には「描く」ということを特別に意識することから、子どもも保育者も解放される必要があるでしょう。子どもがリラックスしてのびのびと描けるようになるには、「絵あそび」の中で描く楽しさや喜びの経験を積むことが重要になります。これによって、子どもは自分の表現に自信を持ったり、描くことに意欲的になったりするでしょう。また、描画材料の扱いや用具の使い方に慣れることもできます。「絵あそび」を通して描く楽しさや喜びを十分に経験することによって、四ツ切画用紙に向かっても、のびのびと描くことができるのではないかと思います。

「絵あそび」のいろいろ

遊びとして描くことをテーマにした活動を、ここでは「絵あそび」としています。さまざまな方法が考えられますが、試みにそのうちのいくつかを紹介してみましょう。例えば、小さい紙に繰り返し描くことを楽しんだり、大きな紙にみんなで描いたり、しかけを楽しみながら描いたり、技法を楽しみながら描いたりといった活動があります。生活の中での体験や身近なできごとをもとに題材を設定し、子どもの興味や関心に合わせた内容を工夫した「絵あそび」のあり方を考えましょう。

小さい紙に繰り返し描く

はがき程度の大きさや、その半分ぐらいの小さな紙を使って繰り返し描くことを楽しみましょう。小さな紙を使うことで、子どもたちは気負いなくリラックスして描くことができます。ひとり当たりの枚数などは決めず、自分のペースで繰り返し活動を楽しめるように配慮しましょう。紙は十分な枚数を用意しておきますが、一度にたくさん出してしまうと乱雑になる場合があります。大切に使うように言葉をかけ、足りなくなったら補充するようにします。子どもの活動の流れや動線を考えた環境を構成することも重要なポイントとなります。子どもが楽しく描けるような雰囲気づくりを心がけましょう。

実践例の紹介

「お店屋さん」
P.10

「大型バスに乗って出発！」
P.11

「絵はがきを描こう！」
P.18

実践例の紹介

「指人形をつくろう！」
P.24

「ショートケーキがいっぱい」
P.30

大きな紙にみんなで描く

大きな紙を使って描くことで、広い画面に刺激され、のびのびとした楽しい活動へと展開しやすくなるようです。その中で子どもは、一人一人がイメージを広げ描いていくだけでなく、気の合う友達と一緒に描いたり、友達の描いたものをきっかけに描き始めたりと、お互いに影響し合いながら描く意欲を高めていきます。また、描くことに自信がない子どもにとっては、友達とかかわりながら、話し合ったりまねをしたりして描き始めることが、楽しく描くきっかけになるようです。

一人一人の活動を大切にしながら、子ども同士で話し合い、協力し合うことでそれぞれのイメージを共有し、みんなの活動へと展開することができるようにしましょう。ときには個々のイメージがぶつかり合うこともありますが、認め合ったり反発し合ったりしながら協同で活動することに意味があるのです。保育者は指示をして活動をまとめるのではなく、子どもと子どもの思いをつなぐ調整役として働きたいものです。活動の中で一人一人の子どもが自分なりに表現できるようにと心がけましょう。

「みんなの街」

一人一人が家をつくり、模造紙にはってみんなで描いています。友達同士でイメージを共有し、相談したり協力したりしながら「みんなの街」をつくっています。

→

実践例の紹介

「みんなでお出かけ」
P.48

「打ち上げ花火がきれいだよ！」
P.34

「トンネルいっぱい！　みんなでお絵かき」
P.22

「宇宙にしゅっぱーつ！」
P.40

しかけを楽しみながら描く

描くことが楽しくなるようなきっかけをつくってあげることで、子どもたちは興味を持って、描画活動に向かいます。子どもが○○のつもりになって楽しく描くための“しかけ”を工夫しましょう。

描くきっかけとなる“しかけ”は事前に保育者がつくっておくのが基本ですが、簡単なものなら子どもが自分でつくってもいいでしょう。子どもが自分でつくる場合には、あまり難しい“しかけ”は避けましょう。子どもの発達過程やその実情に合わせた活動となるよう配慮します。

また、形をじょうずに描くことを求める必要はありません。描くことの楽しさに気づき、それを味わうことができればいいのです。“しかけ”に触発され、つもりになって描いている子どもの思いに共感し、楽しく活動が展開できるような雰囲気づくりを心がけましょう。

「冷蔵庫」 開けたり閉めたりを楽しみながら、パスかペンで描きます。本物そっくりにじょうずに描くことを目的とせず「おいしそう！」「ひとついただきま～す」など、描くことが楽しくなるような言葉をかけましょう。

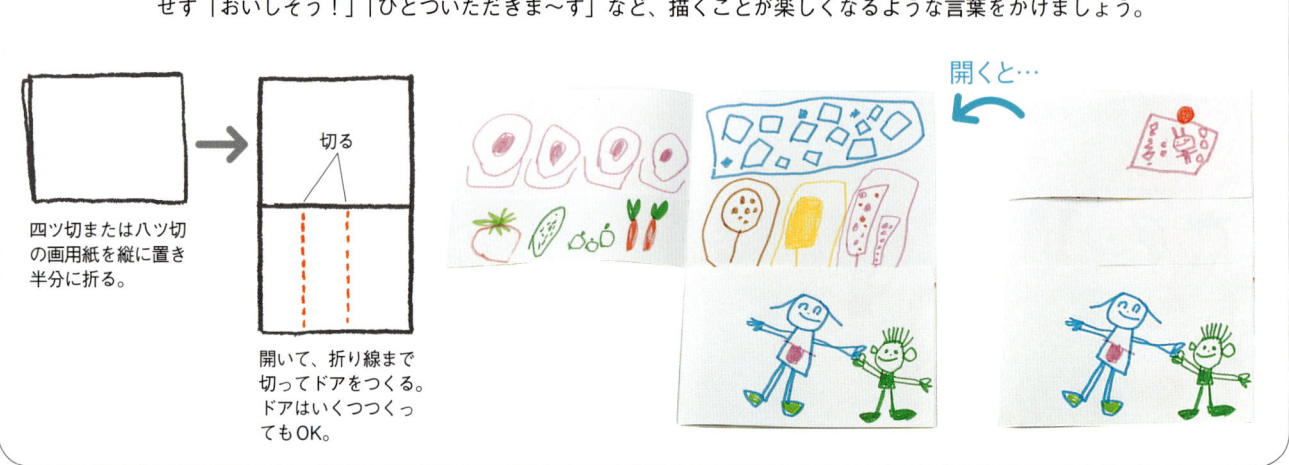

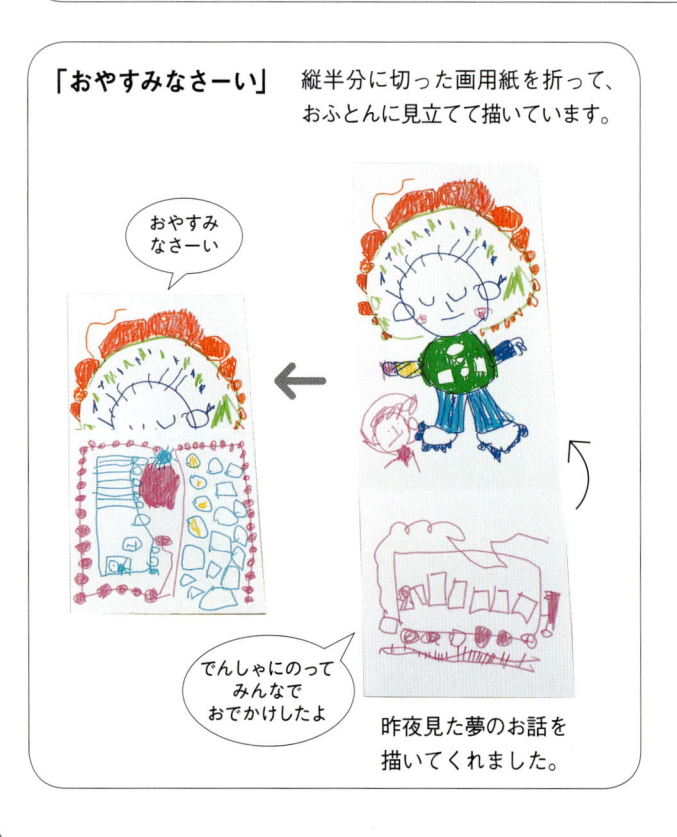

四ツ切または八ツ切の画用紙を縦に置き半分に折る。

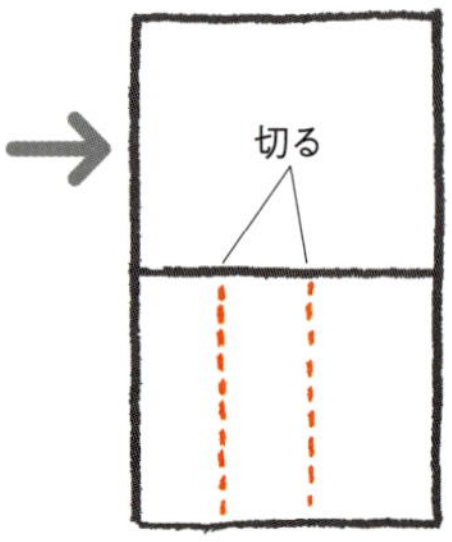
切る

開いて、折り線まで切ってドアをつくる。ドアはいくつつくってもOK。

開くと…

「おやすみなさーい」 縦半分に切った画用紙を折って、おふとんに見立てて描いています。

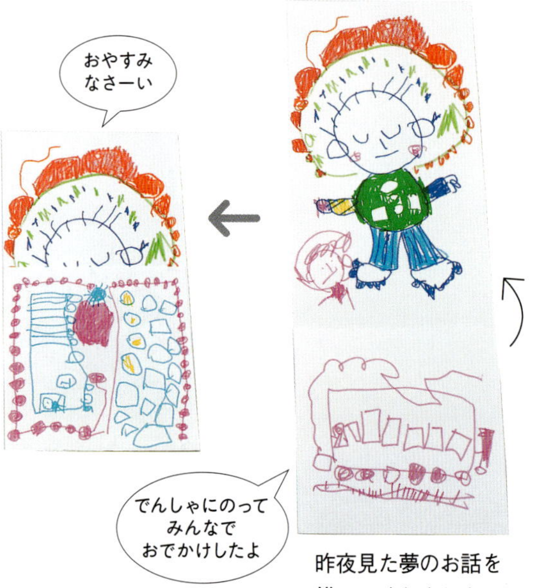
おやすみ
なさーい
でんしゃにのって
みんなで
おでかけしたよ

昨夜見た夢のお話を描いてくれました。

「お洗濯したよ」

洗濯機に見立てた画用紙にパスでグルグル描き、お洗濯しているつもりです。

洗い終わったら洗濯物をはって描きました。

「扇風機」

赤いボタンを押すと
赤い風が…。
青いボタンを押すと
青い風が…。
グルグル扇風機が
回っているつもりで
描いています。

「扉を開けたら」

扉をはってペンで描いていきます。

実践例の紹介

「遠足に行こう！」P.12

「おいしいおやつ」P.8

「焼きそばをつくろう！」P.16

「リュックでお出かけ！」P.14

「トントン…こんにちは！　おうちの中では」P.46

「虫さんのかくれんぼう」P.26

技法を楽しみながら描く

ひとつひとつの技法との出会いが子どもに驚きとして迎えられ、その感動が描く楽しさに結び付いていくように心がけましょう。「おもしろい！」と心ときめかせ、「もっとやりたい！」と意欲的に活動できるよう、繰り返し何度も楽しめる環境を整えます。子どもが「こんどはこんなふうに」と工夫したり、満足するまで繰り返して経験を深めたりすることが大切です。数多くの技法を経験して知識や技能を習得することが目的ではありません。遊びとして技法の楽しさを十分に味わうことで、描画活動に必要な材料・用具に慣れ親しみ、技法の効果や材料の特質に気付き、描くことに興味を持つことがねらいです。またこれらを通して、意欲的に活動に向かう態度を培いたいものです。

実践例の紹介

「スクラッチカードをつくろう！」
スクラッチ（ひっかき絵）P.66

「色が写ったよ！」
パスのカーボン紙絵　P.38

「ジュース」「ペロペロキャンディ」
バチック（はじき絵）P.32

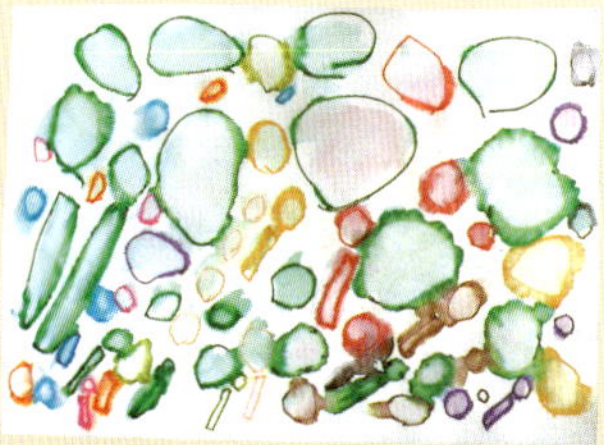

「シャボン玉とんだ」
フェルトペンのにじみ絵　P.28

これだけは知っておきたい
幼児が使える

描画材料と表現方法

描画材料 1. 絵の具

絵の具は、線で描いたり面をぬったりといった表現が楽しめる描画材料です。筆使いひとつで勢いのある力強い線からしなやかに流れるような線まで、思うままに描き分けることができます。また大きな面を大胆にぬり込むのに適した描画材料ですが、筆先を使って細かく表現することもできます。指導に当たっては、じょうずに描かせることよりも、描くことそのものに子どもが興味・関心を持ち、楽しさを味わうことを目標にしましょう。

ときには、絵の具がかすれたり、にじんだり、混じり合ったりすることが、効果的な表現になることもあります。あまり「こう描かせたい」「こんな作品をつくらせたい」と神経質になることはありません。まずは楽しく描けることが大切なのです。

色づくりや水加減など、保育者にとって準備の難しさはありますが、P.90～97「保育者のための基礎・基本」を参考にして積極的に取り組んでみましょう。子どもたちは絵の具が大好きです。

溶き方と量

絵の具をカップに入れ、少しずつ水を加えながら溶き伸ばしていきます。一度にたくさんの水を加えてしまうと濃度が均一になりにくいので、少しずつ水を加えていきましょう。

カップに入れる絵の具の量が多すぎると、筆を持つ手が汚れます。たくさんの量が必要な場合には、予備の絵の具を溶いておき、補充していくようにしましょう。

濃度　「シャブシャブ」から「トロトロ」まで

絵の具は、溶く水の量により、透明感が出たり不透明になったりします。また、シャブシャブに薄く溶くとさらりと描けますし、濃く溶くとトロトロの生クリームのような感触が味わえます。いろいろな濃度の絵の具を試してみましょう。

水の量　多い「シャブシャブ」⟵⟶少ない「トロトロ」

ペンやパスで描いて色をつける

線で描いたりぬったり

重ねてぬる

色づくり

混色

混色をして美しい色をつくりましょう。

●落ち着いた渋い色

黄緑 + 黄土	藍 + 紫
黄土 + 茶	青 + 黒
黄土 + 赤	藍 + こげ茶
茶 + 赤	黒 + 緑
茶 + こげ茶	緑 + 黄土
赤 + 緑	山吹 + 緑
青 + 赤	黒 + 黄

●はっきりとしたあざやかな色

黄 + 山吹	紫 + 青
黄 + 橙	青 + 群青
山吹 + 朱	青 + 緑
赤 + 朱	緑 + 黄緑
牡丹 + 赤	黄緑 + 緑
牡丹 + 紫	黄緑 + 黄
紫 + 群青	黄+黄緑

●明るく柔らかな色

白 + 山吹	紫 + 水色
山吹 + 白	水色 + 紫
桃 + 白 + うす橙	水色 + 紫 + 白
桃 + うす橙	水色 + 黄緑
桃 + 紫 + 白	水色 + 黄緑 + 白
紫 + 水色 + 白	黄緑 + 黄 + 白
紫 + 桃	白 + 黄緑 + 黄

透明と不透明

絵の具の色を薄くするためには、水で薄く溶き伸ばす方法と白を加える方法がありますが、それぞれに違う効果が見られます。絵の具は白を加えると不透明になります。油性フェルトペンなどで描いた線を生かすには、水で薄く溶き伸ばした透明感のある絵の具を使いましょう。

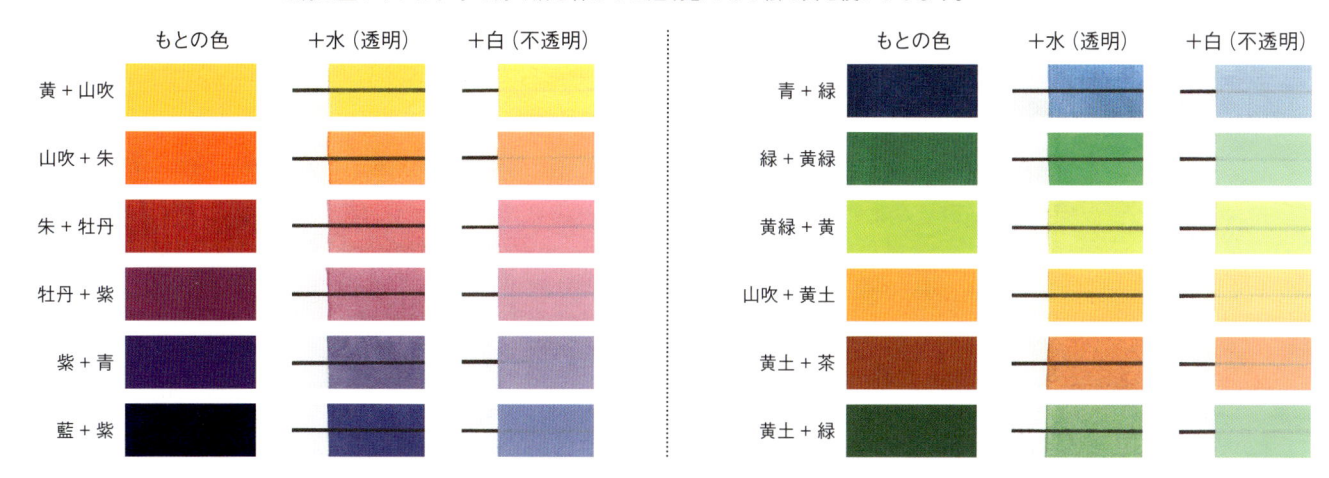

もとの色	＋水（透明）	＋白（不透明）
黄 + 山吹		
山吹 + 朱		
朱 + 牡丹		
牡丹 + 紫		
紫 + 青		
藍 + 紫		

もとの色	＋水（透明）	＋白（不透明）
青 + 緑		
緑 + 黄緑		
黄緑 + 黄		
山吹 + 黄土		
黄土 + 茶		
黄土 + 緑		

色の幅

ひと口に○○色といっても、そこには大きな幅があるものです。明るいものから暗いもの、また少し色みを加えて変化のあるものと、さまざまにつくることができます。以下にその例を示します。

●肌の色

茶 + 黄土 + 白	茶 + 黄土 + 白	茶 + 黄土 + 白	うす橙 + 黄緑
うす橙 + 桃	うす橙 + 桃 + 白	朱 + 白	朱 + 黄土 + 白

●灰色

黒+白	黒+白	黒+白	黒+白
灰+赤	灰+青	灰+緑	灰+黄

他にも木の色・土の色・空の色・水の色など、工夫してつくってみましょう。

指導内容と援助

筆を使うときのお約束

①筆は金具の少し上を持ち、寝かさず立てて使いましょう。
②筆から絵の具がポタポタ垂れないようにカップの縁で余分な絵の具を落としましょう。
③床に絵の具を落とさないよう、手で受けながら移動しましょう。
④使った筆は、必ず元のカップ（同じ色）に戻しましょう。

手や床などが汚れたら

ぬれたぞうきんを絵の具の側に用意しておき、汚れた手だけでなく、床などに付いた絵の具もふくように指導します。しかし子どもが夢中になって活動を楽しんでいる場合には、遊びの流れが中断しないよう、保育者がそっとふくことも大切な配慮です。子どもへの“しつけ”だけでなく、子どもの“夢中”に寄り添える援助者でありたいものです。

筆の後始末

筆の根元に絵の具が残らないよう、水でしっかり洗います。長時間、絵の具のカップに漬けたままにしておくと、筆先が曲がったり痛んだりします。できるだけ早めに洗いましょう。

洗い終わった筆は、乾いたぞうきんの上に並べて干します。乾かないうちにカップなどに立てると、筆の根元に洗い残しの絵の具や水がたまって筆が傷む原因になります。

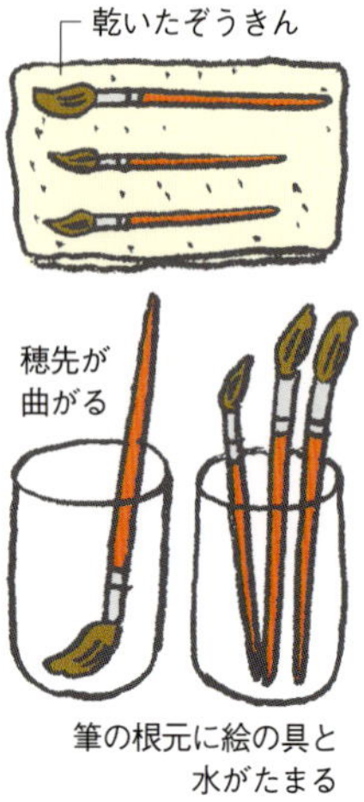

例えばこんな描き方

まずは指先から伝わる絵の具の感触を楽しむことを大切にしたいものです。大胆にぬり広げたり、勢いのある線を引いたり、また、ゆっくり慎重に線を描いたり、筆先を使って細かい表現をしたり…と、表情の違ういろいろな表現が現れます。細かい表現はペンやパスを併用してもいいでしょう。

線で描いたり面をぬったり

「鬼」（3歳児）
絵の具をたっぷり含ませた筆で、一気に描き上げました。勢いのあるかすれた線がとてもきれいです。

「鬼」（3歳児）
赤い絵の具を大きくぬり広げ、力強く描いています。

「お散歩ライオン」（5歳児）
筆を立てて持ち、筆先を使って、たて髪や目、歯などを慎重に細かく描いています。

重ねてぬったり描いたり

「ケーキ」（5歳児）
白色の絵の具をぬり広げてケーキを描き、乾かないうちにいろいろな色の絵の具を上からぬり重ねています。絵の具の混ざり合う美しさや感触の楽しさを味わうことができます。

「にんじんのおうち」（4歳児）
絵の具が乾くと、上からペンやパスで描くことができます。

実践例の紹介

★「ショートケーキがいっぱい」P.30
★「打ち上げ花火がきれいだよ！」P.34
★「ゾウさんも暑いね！」P.42
★「みんなでお出かけ」P.48
★「人物を描こう！」P.52
★「大きな木」P.56
★「ケーキで、パーティ！」P.76
★「雪だるまとお友達」P.80
★「きれいなお花が咲いたよ」P.88

描画材料 2. フェルトペン

子どもが使うフェルトペンは、おおむね水性か油性に分けることができますが、共に子どもにとって扱いやすく、どんどん描き進めることができ、描く楽しさを存分に味わうことができる描画材料のひとつです。またこまかな模様を繰り返すなど、じっくりていねいに表現する描き方にも適しています。大きな面を細いフェルトペンでぬり込むことは、子どもにとって随分根気のいる活動になるので、どちらかといえば線の表現に向いています。しかし、ほかの描画材料に比べてフェルトペンのインクの発色の美しさは特別です。子どもの負担になりすぎず、ぬることへの興味が持続する範囲内での面積を、あざやかなフェルトペンのインクで彩色して、画面を華やかにするのもフェルトペンの特徴を生かした表現といえるでしょう。

「にじいろのさかな」

フェルトペンは子どもにとって扱いが簡単なだけに、ときには集中力を欠き、いい加減でぞんざいな態度で描く場面を目にすることもあります。じっくりていねいに描くよう指導したいものです。また、キャップを失うとペン先が乾き、すぐに役に立たなくなります。キャップはペンの後ろにはめておくか、箱などに入れてまとめておくよう指導し、大切に扱うことを教えることも重要なことです。

実践例の紹介

★「お店屋さん」P.10
★「絵はがきを描こう！」P.18
★「トンネルいっぱい！みんなでお絵かき」P.22
★「指人形をつくろう！」P.24
★「虫さんのかくれんぼう」P.26
★「シャボン玉とんだ」P.28
★「トントン…こんにちは！おうちの中では」P.46
★「動物マンション」P.54
★「忍者の絵巻物」P.58
★「ポップアップカードをつくろう」P.68
★「絵本をつくろう！」P.70
★「宇宙へだいぼうけん！」P.78

フェルトペンのいろいろ

水性フェルトペン

水性フェルトペンのインクは水に溶ける性質を持ち、にじみやすいので気をつけましょう。

●水に溶ける性質を生かして

「シャボン玉」（5歳児）
水性フェルトペンで描いた上から、筆でそっと水を加えると、にじんで色が出てきます。にじませたい所だけに水を加えます。

油性フェルトペン

●水に溶けない性質を生かして

「動物マンション」（5歳児）
油性フェルトペンで描くとインクが水でにじむことはなく、後から絵の具を使うことができます。着色に使用する絵の具は、描いた線が透けて見えるように、水で薄く溶いておきます。水の量が足りなかったり、白を混色したりすると、透明感が出にくくなります。ピンクや水色などが必要な場合には、赤や青に白を入れるのではなく、水で薄めて使いましょう。「色づくり」はP.103を参考にしてください。

●油性フェルトペンと耐水性フェルトペンの共通点と相違点

水に溶けない、いろいろな素材に描くことができるなどと共通した性質がありますが、水性顔料インクを使った耐水性フェルトペンは光を通さず、油性フェルトペンは光を通します。透明シートなどに描いて光を通してみると、耐水性フェルトペンで描いたものは影が黒く映り、油性フェルトペンを使用するとステンドグラスのように、描いた色そのままに映ります。

また、黒や濃い色の画用紙などには、油性フェルトペンでは色が沈んで見えにくくなりますが、耐水性のフェルトペンはきれいに描けるものが多いようです。

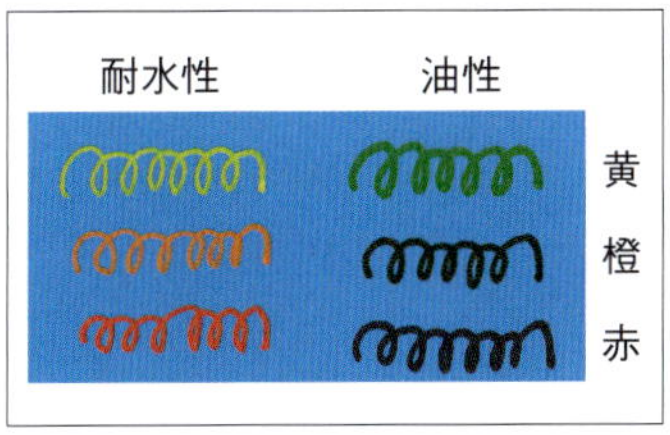

耐水性フェルトペン

水性顔料インクを用いた耐水性フェルトペンもあります。一般に「ポスカ」などと呼ばれているものがこれに当たりますが、水性顔料インクとはいえ、いったん乾くと水に溶けない性質を持っています。また、ガラス、プラスチック、ビニールなどいろいろな素材に描くことができます。

耐水性のフェルトペン
（水性顔料インク）

油性のフェルトペン

実践例の紹介

★「透けて見えるよ きれいだね！」P.44

描画材料 3. パス

実践例の紹介

★「ジュースをどうぞ！」P.32
★「色が写ったよ！」P.38
★「スクラッチカードをつくろう！」P.66

パスは「クレパス」「パステラ」「パッセル」などの商品名でも呼ばれています。油脂分が多く入っているため、軟らかくて伸びがよく、線描だけでなく面ぬりにも適しています。これらのことから、「スクラッチ（ひっかき絵）」や「パスのカーボン紙絵」といった技法遊びにも使われます。また、水に溶けない性質を生かし、絵の具と併用した技法遊び「バチック（はじき絵）」を楽しむこともできます。

手軽に取り組むことができ、子どもにとっても親しみやすい描画材料ですが、それだけに乱雑な扱いにならないよう、ていねいに線を描いたり、しっかり力を入れてぬったりといった指導やことばがけも大切となってきます。

パスとよく似ているのがクレヨンですが、クレヨンは硬質のろう分が多く入っているため、パスに比べて硬くて滑りがよく、一般的に線描に適していますが、最近のクレヨンにはしっかりぬり込めるものも増えてきており、パスと同じような使い方がされることも多くなってきました。

例えばこんな描き方

パスの色を限定して描く

まったく自由に色を選んで描く方法もありますが、パスの色を限定して描くこともひとつの方法です。描き始めの色を１色に限定することで、あれこれと色に惑わされることなく、描くことに夢中になれるようです。サンタクロースの赤、魔女の黒などイメージに合った色を選ぶのもいいでしょう。ある程度描き進んでから、必要に応じてほかの色のパスや絵の具を使って描き加えたり、ぬったりしても楽しいでしょう。

「玉入れ」（3歳児）
赤のパスのみで、赤組の玉入れのようすを描いています。

「ハロウィンパーティ」（5歳児）
最初は黒のパスだけで描き始め、必要に応じてパスや絵の具で色を加えていきました。

「たぬきのお月見」（4歳児）
茶色のパスだけで描き始め、必要に応じてほかの色も加えていきました。

「てるてる坊主」（5歳児）

実践例の紹介

★「おいしいおやつ」P.8
★「遠足に行こう！」P.12
★「リュックでお出かけ！」P.14
★「焼きそばをつくろう！」P.16
★「オシャレなてるてる坊主さん」P.20
★「ウサギの家族」P.50
★「サンタクロースの国では……」P.72

絵の具と併用して描く

パスで輪郭を描き、その中を絵の具でぬるといった方法や、バチック（はじき絵）の技法を使って描いているものをよく見かけます。しかし幼児にとってパスは、線描だけに使うものではなく、線で描いたり面をぬったりといった表現を同時に楽しめる描画材料です。絵の具もまた、色をぬるためのものだけでなく線で描くこともできます。パスと絵の具を、線描と面をぬる材料というように分けるのではなく、描いたりぬったりを楽しめる材料として、併用して使ってみましょう。

描画材料 4. コンテ

コンテはパスやクレヨンと同じように、線で描いたり面をぬったりすることができる描画材料です。ただし、油脂分の多いパスなどに比べて粉っぽく、あまり画用紙への定着はよくありません。このためこすれたりすると手や画面が汚れやすくなります。しかし、少々の汚れは気にせず、それを特徴としてとらえて取り組んでみましょう。また特徴のひとつとして、発色がよく、黒をはじめとして濃い色の画用紙にも比較的はっきりと描けます。さらに、水に溶けるという点では、パスなどとは大きく違います。活動中の手洗いはできるだけ控え、ぬれた手で触らないようにしましょう。一方、この水溶性を生かした表現も考えられます。描画材料としての特徴を理解し、コンテらしい表現を目ざしたいものです。

実践例の紹介

★「忍者の絵巻物」P.58
★「コンテの
フワフワウサギ」P.74
★「お顔の色をつくろう」P.86

例えばこんな描き方

しっかりぬり込む

「ねずみの夏祭り」
黒のコンテを縦に持って、線で描いたり面をぬったりしています。黒でしっかりぬった面は、ていねいに指でこすっています。加えてカラーコンテで色をつけています。

そっとぬってぼかす

「きょうりゅう」（5歳児）
大きなきょうりゅうの体は、コンテを横に寝かせてぬっています。

「ふくろう」（5歳児）
コンテを横に寝かせて空をぬり、綿でぼかして柔らかい雰囲気を出しています。

コンテは縦に持ってしっかりぬり込むことができるのはもちろんのこと、横に寝かせてつまんで持ち、そっとぬることで薄くぼかしたような表現も楽しめます。ぬった面は、指や綿などでこすって画用紙に定着させると、粉が飛び散りにくくなります。また、指や綿に付いたコンテの粉をこすりつけて柔らかくぼかした表現も楽しめます。紙やすりなどを使ってコンテの粉を用意しておいてもいいでしょう。

しあげには、こすれたり色移りしたりしないよう、コンテ止め液をスプレーしておきましょう。

しっかりぬったり ぼかしたり

「こおりのお家」（5歳児）
しっかりぬった白いコンテをこすって定着させ、指に付いたコンテの粉もこすりつけてぬっています。

混色を楽しみながら

「お友達」（5歳児）
茶、黄土、白の3色を混色して、顔の色をつくっています。ぬった後、よくこすり込むことできれいに色が混ざり合います。

「かさじぞう」（5歳児）
山の色を混色しながらぬっています。

水に溶ける性質を 生かして

「おたまじゃくし」
コンテでしっかりぬった面に、筆で水をぬり、コンテの粉を溶かして描いています。

描画材料 5. 墨汁

実践例の紹介

★「機関車に乗ってしゅっぱ～つ！」P.64
★「強い鬼さん、優しい鬼さん、かわいい鬼さん」P.82

「汚れやすい」「付いたら取れない」と墨汁はともすれば敬遠されがちな描画材料です。しかし、扱いは絵の具を使う場合と基本的に変わりありません。日本古来の描画材料でもあり、絵の具を使うときの約束事が守れるようになったら、ぜひ挑戦させてあげたいものです。じっくり慎重に描くように指導しましょう。

墨汁で描くに当たって、子どもが墨の色からイメージしやすい題材（魔女、機関車など）を選ぶのもいいでしょう。また、昔話など日本の伝統的な題材（こぶとりじいさん、かさじぞう、忍者屋敷など）にも適しているようです。

墨汁を準備する

原液だけでなく、少し水を加えたもので、濃淡をつくっておきます。少量の絵の具を加えて、色墨をつくるのもいいでしょう。

こんなところに気をつけて

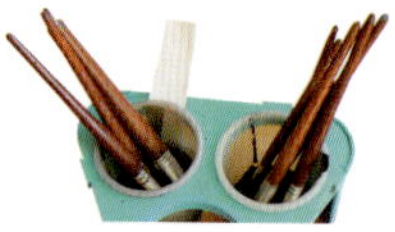

- 見た目では濃淡がわかりづらいので、カップに印を付けておきましょう。
- 墨汁は、衣類に付くと取れにくいので、スモックなどを着用するなどの配慮が必要です。
- 乱雑な扱いにならないよう注意することは必要ですが、汚れを気にするあまり必要以上に緊張させてしまうと、描くことが楽しくなくなります。程よい緊張感の中で、落ち着いてじっくり取り組めるよう、ていねいなかかわりを心がけましょう。
- 子どもたちが、床や手に付いた墨汁を自分でふけるよう、ぬれたぞうきんは必ず用意しておきましょう。
- 「筆を使うときのお約束」や「筆の後始末」などは絵の具を使う場合と同じです。P.102～104「絵の具」を参照してください。

例えばこんな描き方

細かく描くには油性フェルトペンやパスなどを併用します。さらに、絵の具やカラーフェルトペン、コンテなどで色をつけるのもいいでしょう。絵の具で着色するには、水を多めに入れ薄く溶いた透明感のあるものを使います（P.103「色づくり」を参照）。墨で黒くぬった面の上には、白や白を混色した絵の具を少し濃いめに溶いて使ったり、コンテで描いたりできます。

「鬼のおうち」
墨汁＋油性フェルトペン＋絵の具

「大仏様の大そうじ」（5歳児）
墨汁＋油性フェルトペン（黒）
＋水性フェルトペン（カラー）＋絵の具

「海賊船」
墨汁＋パス＋絵の具

「機関車」（5歳児）
墨汁＋油性フェルトペン＋コンテ

表現方法 1. はり絵

実践例の紹介

★「宇宙にしゅっぱーつ！」P.40

★「つくって はって 描いて」P.60

組み合わせを楽しんだり、画面上で配置を考えたり、構成したりする楽しさを味わえる表現方法です。事前につくった製作物を画用紙の上に配置し、のりなどの接着剤ではっていってもいいですが、画用紙の上で構成を考え、順次、はりながら表現を楽しむこともできます。

紙を細かくちぎって点描式にはる方法だけが「はり絵」ではありません。破ったり切ったりした形から、イメージを広げ何かに見立てたり、組み合わせて形をつくったりといった活動が楽しめるようにしましょう。さらに、はったものをきっかけに、イメージを膨らませ、楽しい描画活動へと展開することもできます。つくったり、はったりといった活動の中で、描くことにも興味を持ち、気負いなく取り組めるようにしたいものです。

はり絵に用いる材料は、色画用紙やおり紙など無地のものだけでなく、新聞紙、包装紙、千代紙など紙自体の模様を生かして利用したりするのもいいでしょう。また、布、毛糸などいろいろな素材と組み合わせてもおもしろいです。

例えばこんな描き方

つくっておいたものを画用紙にはって

「ゾウが幼稚園にあそびにきたよ」（5歳児）
色画用紙でつくったゾウをはり、パスで描いていきました。

「どこうにでもいける不思議な乗り物に乗って、きょうりゅうに会いに行ったよ」（5歳児）
あらかじめ色画用紙でつくった乗り物をはり、自分なりの物語をつくって、フェルトペンや絵の具で描いていきました。

「おさかなつったよ」（3歳児）
保育者が用意した魚の形のおり紙をはって、パスで描きました。おり紙の魚をどのようにはるか、またどんな絵を描くか、子どもの表現はさまざまです。

構成しながら直接画用紙にはって

「すてきなおうち」（5歳児）
ハサミで切って窓をつくったおり紙や三角、四角のおり紙の組み合わせを楽しみながら、画用紙にはって家をつくりました。それをきっかけに描くことも楽しんでいます。

「いもむしさん、いってらっしゃい！」（4歳児）
丸く切った英字新聞や包装紙などを連ねてはり、フェルトペンで描き加え、絵の具も併用しています。

表現方法 2.
版画

実践例の紹介

★「スチレン版画『ロボット』」P.36
★「コラージュ版画『ライオン』」P.62
★「紙版画をつくろう『鬼』」P.84

幼児の版画活動は、「うつった」ことへの驚きから始まります。作品づくりのための指導に終始するのではなく、つくった版にインクをつけて刷る、この瞬間の「うつった！」という子どもの喜びが大きな感動となるような保育を心がけたいものです。ここでは幼児に適当とされる紙版、コラージュ版、スチレン版について解説します。版画は、版をつくる工程と刷って写す工程の２つに大きく分けることができますが、どちらも子どもにとっては複雑で必要な技術も多くなります。楽しく活動を進めるためには、保育者の準備や工夫が重要となります。

台紙の上に形の組み合わせや配置などを考えてはっていく「台紙版」と、台紙にはらずに版をつくっていく「切り取り版」があります。「切り取り版」は余白ができるので、写し取ったものからイメージを広げ、フェルトペンなどで描き加えたりするのに向いています。また複数の版をつくり、色を変えて刷ることで多色刷りも楽しめます。

版をつくる（台紙版と切り取り版）

台紙版

台紙に材料をはり付けて版をつくる。

「ライオン」（4歳児）

切り取り版

材料をはり合わせて版をつくる。

「鬼」（4歳児）

刷るために準備するもの

・版画用インク（水性）…ほかにも油性、中性インクがありますが、水性インクは水で洗い流すことができ、かたづけが簡単です。水性とはいえ、乾くと耐水性になります。
・インク練り板…お菓子の缶のふたや、古くなったトレーなどでも代用できます。
・写し取るための紙…一般的に版画紙や奉書紙、障子紙などといった和紙が適していますが、模造紙やコピー紙、画用紙などに写し取ることもできます。
・ローラー　・新聞紙　・ぬれぞうきん

刷り方のコツ

❶ローラーで版画用インクをつける

インクは練り板の上の端に出し、少しずつローラーにつけて転がし、よく伸ばしてから使います。

新聞紙の上に版を置き、ローラーを縦・横に転がして均一にインクをつけます。保育者も一緒に手伝い、しあげはていねいに見てあげてください。

❷写し取る

インクのついた版をきれいな新聞紙の上に置き直し、保育者が写し取る紙を上から乗せます。このとき、新聞紙の上で構図を決め、縦向きか横向きかも子どもに確認しましょう。

片手で紙をしっかり押さえ、もう一方の手で版を確かめるようにしてこすっていきます。バレンや軍手を使ってもいいですが、版画紙などの紙で写し取る場合、つくった版が透けて見えるのでひとつずつ手で確かめていくことで、子どもの版への関心が深まります。

写し取った紙を保育者が静かにめくります。この瞬間が子どもにとっていちばん感動的なところです。子ども側からよく見えるようゆっくりめくりましょう。子どもの“ワクワクドキドキ”を大切に！

例えばこんな方法で

紙版画

…切り取り版の例（もちろん台紙版でつくることもできます）

紙を切ったりちぎったりしながら組み合わせて版をつくり、ローラーで版画インクをつけて写し取ります。ハサミで切る、手でちぎる、紙をもんでしわをつくる、重ねてはるなど、いろいろな表現を楽しむことができます。また、片段ボール紙やレースペーパー、シールなどを使ってもいいでしょう。

版づくりに使用する紙は、きめがこまかくインクを吸い込みにくいという点で製図用ケント紙が最適です。不要になったカレンダーやポスターなどのつるつるとした質感の紙でも代用できます。画用紙を使用する場合には、インクを吸い込みやすいので、インクの量を少し多めにして刷りましょう。

- ★**切る**…ハサミで切ることでシャープな線ができます。
- ★**ちぎる**…表情のある線になります。両手の指先をくっつけるようにしてちぎっていきましょう。
- ★**もんでしわをつくる**…まず、紙をくしゃくしゃにするのを思い切り楽しみましょう。多少破れても気にせず、柔らかくなるまでしっかりもみましょう。
- ★**重ねてはる**

「お舟に乗って」（5歳児）
ケント紙、片段ボール紙、シールを使用。

「仲よしウサギ」（4歳児）
赤と青のインクをつけた２匹のウサギを１枚の紙の上に一緒に刷りました（多色刷り）。

コラージュ版画

いろいろな素材を組み合わせて、木工用接着剤などで台紙にはり、ローラーで版画インクをつけて写します。はる材料としては、表面に材質の特徴や形が現れるものがおもしろいようです。身近なものをあれこれと工夫して試してみるといいでしょう。極端に厚みのあるものや、綿など表面がはがれやすいものは適しません。毛糸やプチプチシートなど、ローラーに巻き付きやすいものは、ていねいにゆっくりインクをつけましょう。

「写ったよ」（3歳児）
輪ゴムや毛糸などを、テープやシールを使ってはっています。インクで写すとテープやシールも写り込んでいます。

「あのね、ぼくがね…」（4歳児）
アイスのスプーン、牛乳瓶のふた、毛糸、ホイルカップ、片段ボール紙、ケント紙などを使用。版画インクが乾いてから、水で薄く溶いた絵の具で色をつけていきました。

スチレン版画

スチレンボード(発泡スチロールの板)に、鉛筆やペンなどで描き、ローラーで版画インクをつけて写します。スチレンボードは柔らかく、簡単に筆跡をくぼませて描くことができ、インクのつきもいいので扱いが簡単で幼児期に適した版画の一種です。しかし、爪でひっかいたり、指で押したり、曲げたりすると、すぐに傷がついてしまうので、大切に扱うという約束事が必要です。

版画用インクの代わりに、中性洗剤を加えた絵の具でも写すことができます。

「お友達いっぱい」（3歳児）

「お城」（5歳児）多色刷り

著者●村田夕紀（むらた　ゆき）

大阪教育大学（美術専攻）卒業
元・四天王寺大学短期大学部保育科　教授
造形教育研究所「こどものアトリエ」主宰

主な著書

- ●0・1・2歳児の造形あそび実践ライブ（ひかりのくに）
- ●カンタン！スグできる！製作あそび／2巻（ひかりのくに）
- ●2・3・4・5歳児の技法あそび実践ライブ
- ●0・1・2・3歳児のきせつのせいさく（ひかりのくに）
- ●0・1・2歳児遊んで育つ手づくり玩具（ひかりのくに）

実践協力

たんぽぽ保育園（大阪・茨木市）
たんぽぽ安威保育園（大阪・茨木市）
たんぽぽ中条保育園（大阪・茨木市）
たちばな保育園（大阪・茨木市）
千里山やまて学園（大阪・吹田市）
日の出学園保育所（大阪・大阪市）
第二小市保育園（大阪・大阪市）
かがやき保育園（岡山・倉敷市）
かすが幼稚園（京都・京都市）
住吉清水学園（大阪・大阪市）
造形教育研究所「こどものアトリエ」（大阪・大阪市）
花岡千晶、大島典子、内本久美、南睦子、力身美子、堂本八栄、
太田千鶴、岡田奈津子、西村久美子、七野智世、東堤春香

STAFF

イラスト／常永美弥
本文デザイン／柳田尚美（N/Y graphics）
本文レイアウト／篠原真弓
編集協力／スリーシーズン（伊藤佐知子）
企画・編集／岡本舞・藤濤芳恵・安藤憲志
校正／堀田浩之

保カリ BOOKS ⑭
3・4・5歳児の 楽しく絵を描く 実践ライブ

2011年11月　初版発行　　2022年7月　第18版発行

著　者　村田夕紀
発行人　岡本 功
発行所　ひかりのくに株式会社
〒543-0001　大阪市天王寺区上本町 3-2-14　　郵便振替 00920-2-118855　　TEL 06-6768-1155
〒175-0082　東京都板橋区高島平 6-1-1　　郵便振替 00150-0-30666　　TEL 03-3979-3112
ホームページアドレス　http://www.hikarinokuni.co.jp

印刷所　NISSHA株式会社

©2011　乱丁、落丁はお取り替えいたします。

Printed in Japan
ISBN　978-4-564-60796-7
NDC376　112p　26 × 21㎝

本書のコピー、スキャン、デジタル化等の無断複製は著作権法上での例外を除き禁じられています。本書を代行業者等の第三者に依頼してスキャンやデジタル化することは、たとえ個人や家庭内の利用であっても著作権法上認められておりません。